廣西錢幣研究集萃 2019

Guangxi qianbi yanjiu jicui 2019

广西钱币学会◎编

暨南大學出版社
JINAN UNIVERSITY PRESS
中国·广州

图书在版编目（CIP）数据

广西钱币研究集萃. 2019/广西钱币学会编. —广州：暨南大学出版社，2019. 9
ISBN 978 - 7 - 5668 - 2690 - 9

Ⅰ. ①广… Ⅱ. ①广… Ⅲ. ①古钱（考古）—研究—中国 Ⅳ. ①K875. 64

中国版本图书馆 CIP 数据核字（2019）第 178826 号

广西钱币研究集萃 2019
GUANGXI QIANBI YANJIU JICUI 2019
编　者：广西钱币学会

出 版 人： 徐义雄
责任编辑： 曾小利
责任校对： 林　琼
责任印制： 汤慧君　周一丹

出版发行： 暨南大学出版社（510630）
电　　话： 总编室（8620）85221601
营销部（8620）85225284　85228291　85228292（邮购）
传　　真：（8620）85221583（办公室）　85223774（营销部）
网　　址： http：//www. jnupress. com
排　　版： 广州良弓广告有限公司
印　　刷： 深圳市新联美术印刷有限公司
开　　本： 787mm × 1092mm　1/16
印　　张： 10. 5
字　　数： 200 千
版　　次： 2019 年 9 月第 1 版
印　　次： 2019 年 9 月第 1 次
定　　价： 120. 00 元

前　言

2018 年，广西钱币学会在上级主管单位的领导下，在广大会员的共同努力下，各项工作进展顺利，在组织会员活动、科普宣传、课题研究和学术管理等方面，取得了不俗的成绩。

为庆祝广西壮族自治区成立 60 周年，向大庆献礼，提高广西各族人民的文化自信、民族自信，广西钱币学会面向全国组织开展了“钱币与广西”系列活动。一是开展“钱币与广西”有奖征文活动，鼓励钱币爱好者挖掘钱币背后的广西历史和文化内涵，讲好钱币上的广西故事，活动得到积极响应，收到一批高质量的文章，部分优秀作品入编论文集出版，对钱币爱好者起到了激励的作用。二是开展评选广西 60 件重要历史货币活动，发动广大钱币爱好者寻找、选择和推荐与广西历史发展密切相关，有较大影响力的历史货币。经过公众推荐和专家评审，评选出广西 60 件重要历史货币，向社会公众宣传和推广，增强了广西各族人民的文化自信和民族自信。

为引导社会公众关心历史，传播钱币文化，广西钱币学会积极开展科普宣传活动。一是参加 2018 年广西社会科学普及活动周并开展了现场钱币鉴定、钱币知识普及和广西重要历史货币评选宣传活动。二是在南宁会展中心举办中国—东盟货币展，以实物与图片相结合的方式，通过“东南亚古代货币”“东盟各国货币”“人民币”三大板块，讲述“国家名片”背后的历史与文化故事，深受各界观众的喜爱。

为全面提升整体学术研究能力和水平，多出学术成果，广西钱币学会在动员和利用社会力量开展学术研究方面，采取了有力措施。一是积极组织申报课题。申报中标广西社科联社会组织专项课题 1 项，并顺利结项；申报中标中国钱币学会 2018 年度研究课题 2 项。二是组织参加中国钱币学会 2018 年学术年会，3 篇论文入选年会参会交流，其中 1 篇论文的作者在年会上作主题发言。三是继续实施“学生研究项目”，加大研究人才培养力度。举办“学生研究项目”中期汇报会暨学术论文写作培训班，加强对学生的指导。“学生研究项目”全年结项 5 个，新立项 6 个，1 名学生的论文入选中国钱币学会 2018 年学术年会交流。三是积极推动学术成果发表和转化。全年在《中国钱币》等期刊发表论文 4 篇，结集出版论文 11 篇。四是重新修订《广西钱币学会学术课题管理办法》，出台《广西钱币学会学术成果奖励办法》，加强了学术规范管理，完善了激励机制。

本书收录了广西钱币学会 2017—2018 年度结项论文及年度要闻，有关于广西历史货币和东南亚历史货币的研究成果，特色突出，方向鲜明，是本学会学术水平的重要体现。由于时间仓促，编者水平有限，不足之处，敬请批评指正。

编　者

2019 年 7 月

目 录

001 前 言

001 中国岭南及越、泰等地出土的古波斯、古罗马钱币与海上丝绸之路 廖国一

024 越南景兴钱铸行的时代背景 王瑞东

036 太平天国钱币与天国兴衰的探讨 莫华妮

047 清末广西铜元局设立裁撤时间小考 袁俊杰

052 民国广西自治军时期货币研究 周俏梅 冯梅菁

077 浅析新旧桂系货币发行与流通 吴汝玲 梁绍甫 钟 蔚

093 货币视角下广西新旧桂系时期经济状况初探 汤隆皓

102 货币视角下的广西民国军事 彭翠香

111 沈鸿英发行货币考述 毛明霞

128 抗战时期桂林分厂铸行镍币之探讨 周仁琴

138 民国三十八年广西二角象鼻山银币初探 梁香连

145 广西钱币学会 2018 年大事回顾

中国岭南及越、泰等地出土的古波斯、古罗马钱币与海上丝绸之路

廖国一

（广西师范大学历史文化与旅游学院）

摘要：自公元前2世纪（西汉中叶），汉朝就通过从中国岭南北部湾区域的日南、徐闻、合浦等港口出发的海上丝绸之路与东南亚、南亚等地有了友好往来；经济贸易方面，互通有无；文化方面，中外文明互相影响。中国的丝绸和其他货物，沿着海上丝绸之路源源不断地西运，而由古波斯、古罗马等地输入中国的物品，除玻璃器、香料、宝石、银器、毛织物等，还有一定数量的古波斯、古罗马钱币。在中国岭南及越南、泰国等地发现的古波斯、古罗马钱币是当年海上丝绸之路贸易、交往的重要媒介，也是海上丝绸之路的历史见证。

关键词：岭南；越南；古波斯钱币；古罗马钱币

今中国岭南及越南、泰国等地，在两汉时期及其以后海上丝绸之路东西方经济文化交流中起着重要的作用。货币是海上丝绸之路贸易、交往的重要媒介，也是海上丝绸之路的历史见证。在海上丝绸之路沿线国家和地区，出土了不少中国古代的圆形方孔钱，在今天的中国岭南和越南南部等地也发现了一些古波斯、古罗马的钱币，这些发现对研究、了解公元前后到六七世纪的海上丝绸之路具有重要意义。

一、中国岭南及越、泰出土的古波斯、古罗马钱币概况

（一）广东省英德县南齐墓出土古波斯萨珊王朝卑路斯银币

1960年7月，广东省文物管理委员会等单位对广东省英德县浛洸镇郊石墩南齐墓进行了考古发掘。该墓出土了波斯银币3枚，2枚已残，1枚较完好。币面圆形，剪边。直径2.7厘米，厚0.1厘米，重2.3克。较完好的一枚，正面铸一王半身像，王戴

冠，冠的两侧带雉蝶形饰物，其上展一翅膀，冠顶铸一新月抱着一个圆球，王深目高鼻，下颌挂有一串联珠，两肩各飘有一缕丝形饰带，右带前端铸有钵罗婆文的铭文（图一左）；背面，中央为祭坛，坛座分三段，中心柱较细，坛的上部也分三级，最末一级上端冒一火焰，火焰作三角形，由三角形顶点算，作下四、中三、上二、末一，坛柱两端各飘有一串珠饰，火焰左侧为五角星，右侧为新月，其下均设有站立的祭司，在祭司的左侧并带有铭文（图一，右）。残缺的两枚与上述大同小异，唯一枚冠顶前后不带翼，仅在脸部顶端带一新月而已（图二，右）。上述银币皆是波斯萨珊王朝卑路斯银币（Prouz），是作为随葬品出现的，年代为457—483年。①

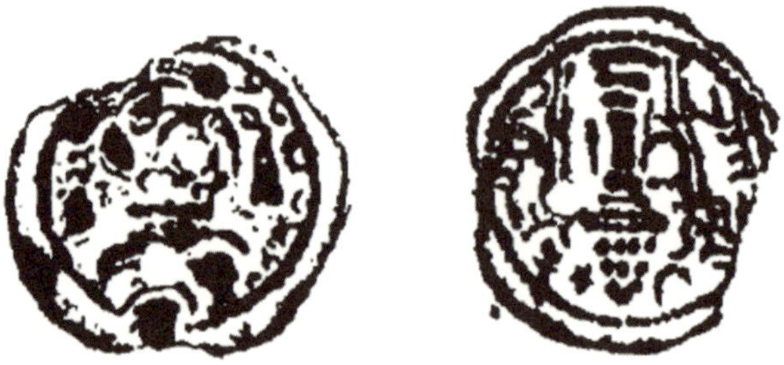

图一　英德县南齐墓出土波斯萨珊王朝卑路斯银币（左，正面；右，背面）

图二　英德县南齐墓出土波斯萨珊王朝卑路斯银币（正面）

① 杨豪．广东英德、连阳南齐和隋唐古墓的发掘［J］．考古，1961（3）：139－143．

图三　英德县南齐墓出土波斯萨珊王朝卑路斯银币（背面）

此外，在墓葬中还出土了银质环饰10件、银质小珠饰2粒。以上器物出土时放在墓室的一隅或墓室中央。有一小陶碗放在四系陶罐中。其中一座墓出土的银币装在一个涂有朱砂的木盒内，木盒已腐朽，仅见其残片与朱砂。

（二）广东省曲江县南朝墓出土波斯萨珊王朝卑路斯银币

1973年10月，广东省博物馆等单位在广东省曲江县马坝镇南华寺附近发掘了西汉、南朝、唐朝墓葬16座，在其中一座南朝时期的墓葬（编号为M3）中出土了波斯萨珊王朝卑路斯银币碎片9片。这些银币碎片除了两片能对合修复外，其余的均不能对合。从能对合的两片看，银币正面是国王头像，背面中央是祭坛，上面有火焰、星月图案，两边各有一祭司相对而立。各片大小不等（如图四）。

1　2　3　4　5　6

图四　波斯银币拓本正面（上）背面（下）

（图片来源：广东省博物馆．广东曲江南华寺古墓发掘简报［J］．考古，1983（7）：601－608.）

在这座南朝时期的砖室墓葬中，除了有作为随葬品的古波斯银币碎片9片外，还出土有陶碗2件、陶四系罐4件、陶碟9件、铜镜10件、银叉1件和滑石猪等，是一座随葬品比较丰富的墓葬，说明死者的身份地位比较高，或者比较富有。

（三）广东省遂溪县出土古波斯钱币

1984 年 9 月，广东省遂溪县附城区边湾村女青年邹银在平整屋基时发现一个带盖陶罐（如图五），里面装有一批金银器，共计破碎银器约 3.5 公斤，金环 2 个，鎏金盅 2 个，银碗 1 件（如图六），古波斯银币（如图七）20 个。① 边湾村位于遂溪县城东 2 千米，该村处于高坡地，村向东北。村西临近遂化公路，村北、东、南三面呈斜坡状，东向约 1 千米处有西溪河流经，约 10 千米为该河入海处。东北向为开阔冲积水田，相传古代海水即至此地。金银器埋藏于村背的空地，盛藏金银器的陶罐离地表仅 15 厘米左右。

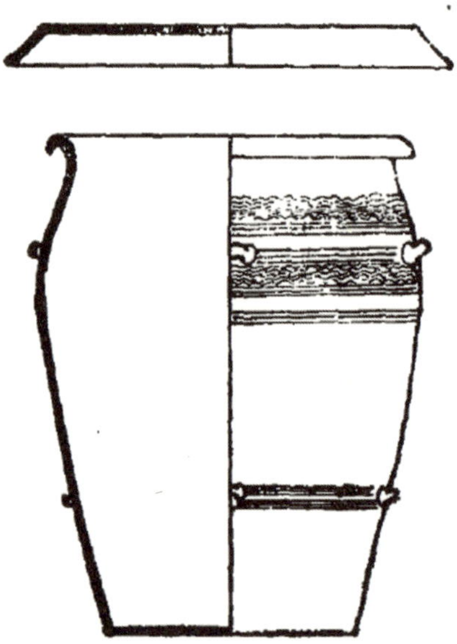

图五　装古波斯银币的陶罐

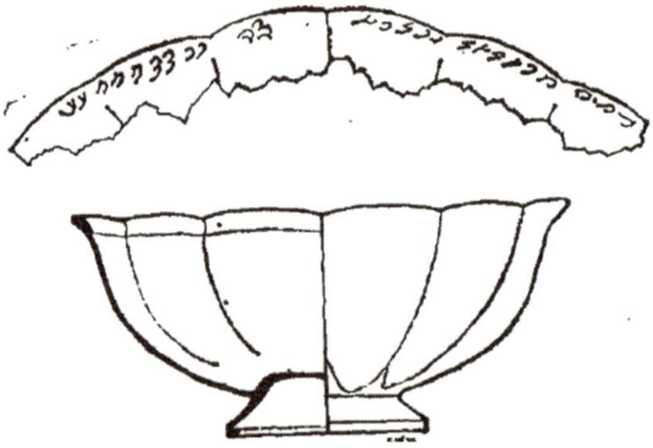

图六　与古波斯银币一起出土的银碗

银币为波斯萨珊王朝所铸，由于埋藏时间较长，保存完整的不多，包括能辨认的残片约 20 枚，每枚重约 4 克，直径约 2.8 厘米，可分为四式。

Ⅰ式 3 枚，为沙普尔三世银币。银币正面周围环绕联珠圆圈两周，中间为王像，王冠越出圆珠圈，王像右边有铭文，左边为飘带；背面正中是波斯教袄教祭坛，坛上火光熊熊，火光左、右两角为一星、一新月，祭坛两边各立一人像，人像两边有缩写

① 遂溪县博物馆．广东遂溪县发现南朝窖藏金银器［J］．考古，1986（3）：243－246.

铭文，周围环绕联珠圆圈一周（图七，1、2）。

Ⅱ式5枚，为伊斯提泽德二世银币。大体与Ⅰ式相似，不同的是王冠前多一新月，右边铭文不同，周围只绕单一联珠圆圈；背面祭火坛座为三级、星为六芒，而Ⅰ式为二级、星为五芒（图七，3、4）。

Ⅲ式1枚，为卑路斯A型银币。王像略小，王冠前为新月、后为六芒星，王像左右两边各有一飘带，铭文仅限于右上角，周围为单一联珠圆圈；背面与Ⅱ式基本相似，铭文有别（图七，5、6）。

Ⅳ式11枚，为卑路斯B型银币。王冠较之上述三式富丽，冠冕有如双翼托球，王像左右各有一飘带，右带边沿的铭文不明显；背面图案与Ⅲ式相同，缩写铭文有别（图七，7、8）。

以上四式大体上是以正面纹饰图案为区分，同一式的银币中，背面的缩写铭文亦各有差别。

边湾村出土的这些波斯萨珊王朝银币是广东省出土数量较大的一批，经初步鉴别，其铸造年代大约在沙卜尔三世至卑路斯之间（383—484）。同一式中铭文亦有所不同，特别是背面缩写铭文有较大的区别，可能是因铸造地点的不同而有所差别[①]。

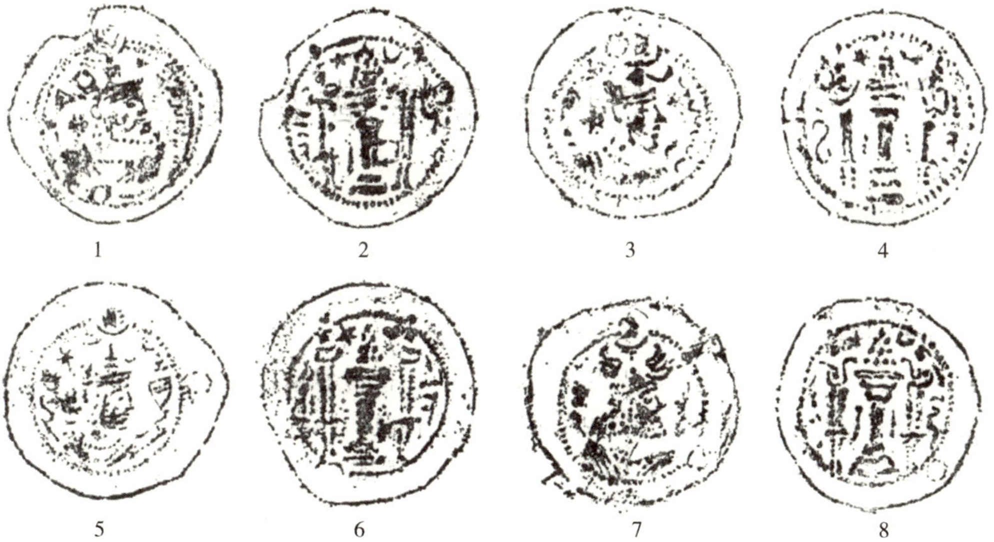

图七　Ⅰ式银币（1、2）Ⅱ式银币（3、4）Ⅲ式银币（5、6）Ⅳ式银币（7、8）

① 夏鼐．综述中国出土的波斯萨珊朝银币［J］．考古学报，1974（1）：91－112．

关于窖藏的年代，从古波斯银币的造型、花纹来看，铸造年代最早的是沙卜尔三世，最迟的是卑路斯，这段时间前后近百年，相当于中国东晋中期至南齐末期。1960年广东英德南齐墓出土的 3 枚古波斯银币，均为卑路斯时期所铸，埋藏时间为 497年①。这批银币传入中国后，曾经被当地人穿孔作为衣、帽或者佩戴的装饰品使用过一段时间，因此传入中国的时间大约在南齐期间，而埋藏时间，按夏鼐的看法："或者两三代先后相衔接的国王，其银币一起出土的。我们可以推想它的埋藏时间不会距离最晚一枚的铸造年代很久，一般当在 10～50 年之间。"② 由此可见，这批金银器和古波斯银币的埋藏时间应是在南朝后期。这一判断，还可以从盛装金银器的陶罐得到证实，无釉灰色水波弦纹阔口陶罐，在粤西地区从汉代开始就很盛行，遂溪县境所发现的一些南朝瓮棺葬墓，几乎都使用这种造型的陶罐，但置八耳的陶罐实属罕见。

与古波斯钱币一起出土的，还有盒盖中间为孔雀图案的银盒 1 件（如图八）、银镯 73 件，以及银首饰 2 件、鎏金盅 2 件、金环 2 件、金戒指 6 件③，反映了这些器物的持有者可能是比较富有的商人。

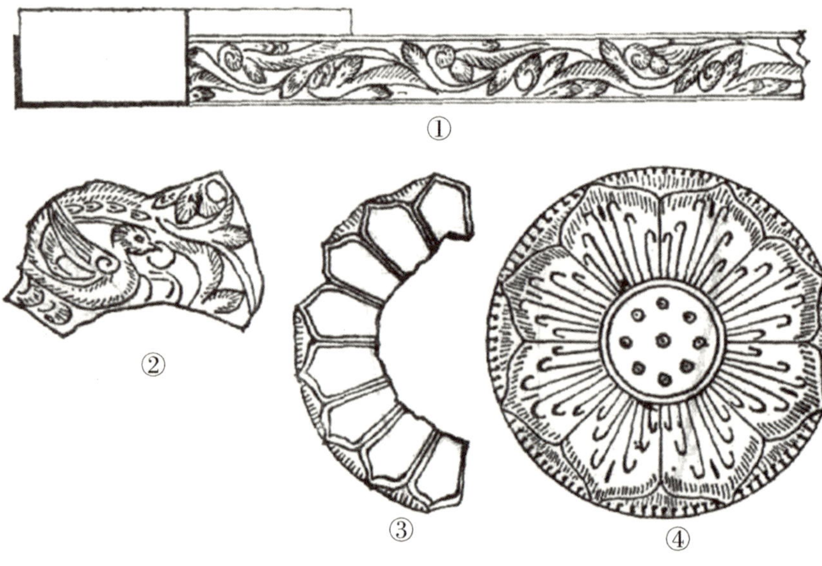

图八　银盒纹饰（①盒身，②盒盖，③盒里底，④盒外底）

① 夏鼐．综述中国出土的波斯萨珊朝银币［J］．考古学报，1974（1）：91－112.
② 夏鼐．综述中国出土的波斯萨珊朝银币［J］．考古学报，1974（1）：91－112.
③ 遂溪县博物馆．广东遂溪县发现南朝窖藏金银器［J］．考古，1986（3）：243－246.

（四）广西容县出土古波斯银币

2013年4月，在广西容县杨梅镇四娄村村头约1公里的一个山坡（当地叫跑马咀山）上，村民从出土的一个陶罐中发现了2枚古波斯银币和两个银手镯。这两枚银币，第一枚是波斯萨珊王朝卑路斯银币，实测该币重3.85克，直径（最大处）2厘米，币的正面图案是卑路斯国王半身像，像的周围是花纹和古波斯钵罗婆字母，外缘是珠圈（如图九左）。币的背面是波斯国教火祆教坛，两旁有祭祀和“国王之火”的铭文（如图九右）。第二枚是波斯萨珊王朝库思罗二世银币，重2.85克，直径3厘米，币的正面是库思罗二世半身头像，像的周围仍有钵罗婆铭文。该币显著的特征是双圈外有四个新月抱星图（如图十左）。币的背面图案也是火祆教、祭司和国王之火的铭文，在三环圈外也有四个新月抱星图（如图十右）。①

图九　容县出土的波斯萨珊王朝卑路斯银币（左正面，右背面）

（图片来源：广西钱币博物馆馆藏）

图十　容县出土波斯萨珊王朝库思罗二世银币（左正面；右背面）

（图片来源：广西钱币博物馆馆藏）

① 梁华汉，梁庆荣．容县出土古波斯银币及对它的考证［J］．广西钱币，2014（2）：23－26．

图十一　容县出土盛装波斯萨珊王朝卑路斯银币的陶罐

（图片来源：广西钱币博物馆馆藏）

图十二　容县（与古波斯银币一起）出土的银手镯

（图片来源：广西钱币博物馆馆藏）

大约公元前6世纪中后期，居住在今伊朗高原南部、面临波斯湾的波斯人，建立了一个地跨欧、亚、非的波斯国。两汉时期，由于丝绸之路的开辟，中国的丝绸输送到了波斯。东汉永和十年（145），出使西域的班超的部下甘英曾经访问了波斯。南北朝时期，中国与波斯的来往非常密切，经济文化交流进一步发展。据《魏书》中各朝《帝纪》的记载，从北魏文成帝到孝明帝时期，波斯派遣使者到北魏都城平城（今山西大同）、洛阳访问并奉献方物等达10次之多。南朝时，波斯多次派使者来都城建康（今江苏南京）访问。如《梁书·波斯国传》载："中大通二年，遣使献佛牙。"中大通是梁武帝的年号，中大通二年为公元530年。

岭南与古波斯、古罗马等地联系较早。1983年，在广州市西汉早期南越王墓墓主的棺木中，发现置有扁球形的银盒一个，高12.1厘米，腹径14.8厘米，重272.6克。盖与盒的本身均制作成突瓣式对称花纹，其造型纹饰与中国古器物的传统风格完全不同，却与伊朗古苏撒城（今舒什特尔）出土的刻有波斯薛西王（公元前486—前465）

名字的金银器风格类同①，因此可以认为这个银盒是来自西亚波斯的舶来品。在广西合浦县汉墓群出土了不少来自古罗马帝国、地中海沿岸、古波斯、古印度等地的海外舶来品文物，包括玻璃器、石榴子石、蚀刻玛瑙、琥珀、肉红石髓、水晶、绿松石、青釉陶壶、铜钹、金箔包裹青铜珠、金花球、焊珠金饰片、香料等，见证了汉代合浦郡海外贸易的繁荣兴盛，具有古代海上丝绸之路沿线文物中年代最早、出土海外舶来品文物数量最多的显著特点和独特优势。其中出土的玻璃制品备受国内外学者关注，有的认为是从海上丝绸之路输入的舶来品，也有的认为是汉代北部湾地区继中国自制的早期铅钡玻璃之后又新创造的一种早期玻璃。2010 年，在广西合浦县的一座东汉墓中，出土的 1 件青绿釉陶壶，产自今伊朗西南部和伊拉克，说明了汉代合浦郡与西亚地区海上交通的存在②。诸多古波斯等地外来文物在广州、合浦等地及其附近地区的发现，证明了这两个地方在当时海上丝绸之路对外贸易上的重要性。

南朝时候，岭南偏安一方，加上面临南海的地理优势，成为当时中国对波斯和东南亚等地海外贸易的重要地区。因此，在广东英德南齐墓、曲江南朝墓和广东遂溪、广西容县出土的古波斯银币，与当时中国同波斯的经济贸易的盛行有密切的关系。

（五）越南安江省话山县喔吠文化遗址出土迦腻色伽帝王铜币

据越南钱币研究学者阮越与范光立发表在《2013 年考古学的一些新发现》的论文载：越南安江省话山县望溪社喔吠文化考古遗址③出土铜币 3 枚，是贵霜帝国阎膏珍王朝时期（大约是公元 2 世纪初的前十年）的铜币。3 枚铜币都是锡铜合金（锡含量极高），因此铜币颜色不呈现绿色，而是深灰色④。

第一枚铜币，符号“a”，有两面，正面可清晰地看见阎膏珍帝王的图像，是迦腻色伽帝王的父亲，帝王戴着一顶大帽子，面向西方，手放在某物件上，旁边是一支镶着斧头的三叉戟，右手撑着拐杖，旁边是一支锤子；反面模糊不清。

根据其他同期的铜币，能认出铜币圆周的希腊文，内容是：BACIΛEYC BACIΛEWN CWTHP MEΓAC OOHMO KAΔΦICHC，意思是：Siva 神（湿婆）背着脸站着，手执三叉戟和一块鹿皮，神牛南丁（Nadin）在后面，周围有珠子（Siva standing facing，holding trident and deerskin，bull Nandi right behind，bead and reel border around）。

① 陈柏坚. 广州是“海上丝绸之路”的始发港［J］. 岭南文史，1992（2）：46.

② 廖国一，等. 广西北部湾地区出土汉代文物与海上丝绸之路［M］. 北京：科学出版社，2017：4.

③ 喔吠文化的考古遗址，属公元 1 世纪到 7 世纪，是位于越南南部九龙江三角洲上的古文化。喔吠文化的考古遗址在 1944 年发现于喔吠地区，地点在越南南部安江省话山县望溪社。

④ NGUYỄN VIỆT, PHẠM QUANG LẬP." TIỀN KUSHAN TÌM ĐƯỢC Ở ÓC EO (AN GIANG"[M]. HÀ NỘI：NHÀ XUẤT BẢN KHOA HỌC XÃ HỘI ，2014：711-714.

图十三　范光立收藏的贵霜帝国铜币

阎膏珍铜币也用黄金来打造，与迦腻色伽铜币一起广泛流通。迦腻色伽帝王是中亚贵霜帝国的君王，在位时间是公元 127 年到 151 年。以下（图十四）是范光立从喔呋古港口遗址当地居民那里收集来的铜币，可以清晰地看到阎膏珍铜币的具体细节，与其他 2 枚画面较清楚的铜币可以进行对比。

图十四　范光立收藏的阎膏珍铜币和其他 2 枚阎膏珍铜币

2012 年 10 月，位于古代丝绸之路东路北段的中国宁夏西吉县王民乡红太村古城附近因雨水冲刷，出土了 17 枚古贵霜帝国的铜币，其中有阎膏珍的铜币。出土的钱币材质为铜，圆形无孔，一面是铭文，一面有牛等图案。这是宁夏第一次发现该币种，中国国内只有新疆曾有该币种发现。贵霜王朝钱币采用希腊打压法制造，质地有金、银、铜等材质。钱币正面往往以文字、人物与图案设计并重，形状近似圆形或椭圆形等；钱币背面常常是“贵霜化”了的希腊、伊朗和印度诸神。由于采用打压法制造，造型多欠规整。可能因年代久远、流通磨损、氧化锈蚀等原因铜币大多品相稍差。新疆楼兰遗址及和田地区曾出土数十枚贵霜帝国钱币。[①]

① 关宇玲．宁夏西吉县王民乡红太村古城出土的贵霜帝国铜币（图）［EB/OL］．（2012－10－11）．http：//native. cnr. cn/city/201210/t20121011_511101890_1. shtml.

图十五　宁夏西吉县王民乡红太村古城出土的贵霜帝国铜币

范光立收藏的第二枚铜币画面比较模糊，符号“b”，是迦腻色伽帝王铜币，最容易识别的特征是：左手提起，手执长矛，反面模糊不清，然而，假如和其他迦腻色伽帝王铜币一样，那么背面就是一位女神图像。

Kanishka（梵语：कनिष्क，Bactrian 语：*Κανη□κι*，汉语：迦腻色伽）是贵霜帝国127—151 年的君主，他是贵霜帝国最著名的君主。以下（图十六）是范光立收藏的迦腻色伽帝王铜币与其他阎膏珍铜币的对比。

图十六　范光立收藏的迦腻色伽铜币与其他 2 枚阎膏珍铜币

范光立收藏的第三枚铜币，符号“c”，这是韦苏提婆一世时期（195—230）的铜钱，铜币反面是一位站在神牛旁、举起左手、面向西边的女神，迦腻色伽之后是胡毗色伽（158—195），再到韦苏提婆一世。以下（图十七）是范广立收藏的韦苏提婆一世铜币与其他韦苏提婆一世铜币的对比。

图十七　范光立收藏的贵霜铜币与其他 2 枚韦苏提婆一世的贵霜铜币

贵霜王朝 55 年建国，425 年灭亡。127—230 年是其繁荣时期。贵霜王朝的疆域从今日的塔吉克斯坦，一直绵延至里海、阿富汗及印度河流域，与东汉、帕提亚、古罗马并为四大强国①。贵霜王朝地处中亚，控制了西方古罗马帝国与东方东汉王朝之间丝绸之路的贸易，具有重要的国际地位。

贵霜王朝手工业、商业和钱币的铸造业都比较发达，大约在公元 1 世纪的时候开始铸造钱币。

在越南南部喔吠地区发现的贵霜铜币，说明越南南部通过印度洋的一些港口、孟加拉湾与贵霜王朝发生直接的贸易联系，而钱币是这种联系的重要证据。

1944 年，法国考古学家马勒海（L. Malleret）率考古队发掘了越南湄公河三角洲南端的喔吠（Oc Eo）遗址，这里曾经是古代扶南国的一处贸易港口，出土了大量来自印度、古罗马和中国的文物。马勒海在该遗址的第一期文化遗存（年代为 1—4 世纪）中发现了多枚贵霜钱币，包括维马·塔克图和阎膏珍（Vima Kadphises，110—127 年在位）铸造的铜币②。日本学者也记录了在喔吠遗址出土了古罗马时期的钱币，并附有相关的古罗马钱币的照片（如图十八），但是详细的资料没有公布③。在公元 1 世纪前后，从现在的柬埔寨到越南南部区域，是扶南国的所在地，包括现在越南南部的安江省、金瓯、朱笃等地，通过水网相连，再到吴哥博垒（Angkor Borei）山和扶南帝国都城。扶南国是东南亚最古老的王国，这个国家在东西方海上丝绸之路上起过重要的作用。喔吠作为扶南帝国一个重要的港口，出土过古罗马、印度、中国的商品和货币。扶南在公元 6 世纪才被真腊灭亡。④

① 罗帅. 贵霜帝国的贸易扩张及其三系国际贸易网络［J］. 北京大学学报（哲学社会科学版），2016（1）：115－123.

② L. Malleret. L’Archéologie du Delta du Mékong. Tome 2. La civilisation matérielle d’Oc－èo［M］. Paris：cole françaised’Extrême－Orient，1960，pp. 231－232.

③ 和贺徹夫. 世界陶瓷全集. 南海［M］. 东京：小学馆，1984：112.

④ 和贺徹夫. 世界陶瓷全集. 南海［M］. 东京：小学馆，1984：113.

图十八　喔呋遗址出土的古罗马银币

有学者认为：扶南帝国的形成，成为首次出现的东—西通商之路的连接点或中转点，是世界史转折点的开始，至少对东南亚历史的影响是这样。扶南国海上贸易比较发达，它制造的大船，穿越大海，征服了十多个国家，它和金邻（Suvarnabhumi，现在的缅甸）可能有了经济和文化上的交流，但是与倍绍诺（Beithano）、一些孟族邦国如Pyu－Sudhammadesa、Ramanadesa、Sri Ksetra没有直接的联系。在湄南河下游，扶南国和赤土国等建立了一些联系，并且得到了考古出土文物的证明①。

越南河内大学的梁宁教授发表在越南《考古学》2007年第3期的论文《一个历史的转折点：扶南帝国》认为：扶南帝国还征服了呵叻（Khorat）平原，建立了波瓦婆罗王国（Bhavapura）。被征服的这些地区都要事奉以及外交上依赖于扶南帝国，还可能要进贡纳税。但是，由于受到扶南帝国国际贸易中心地位的影响，这些地区也逐渐发展了起来。

扶南成为一个古代帝国，其文化踪迹扩散到了越南南部湄公河三角洲——安江、坚江、金瓯、同塔、芹苴、隆安、永隆等地。因其特殊的地理位置，扶南成为当时“必要的中转点”，位于东西方通商的海上丝绸之路上，因此成为东西方海上贸易的中心，甚至有些作者认为它成了“连接世界的中心”。

由于扶南国是一个国际贸易中心，当然会有许多外国人、许多外来商品和物品的出现。这些外来商品，主要包括三大类，均由法国考古学家马勒海发现和公布，具体情况如下：

（1）来源于罗马的。有2枚铜钱/纪念章，属于2世纪。在玉松（U Thong，很有

① LƯƠNG NINH. "MỘT BƯỚC NGOẶT LỊCH SỬ: NƯỚC PHÙ NAM"[J]. TẠP CHÍ KHẢO CỔ HỌC，HÀ NỘI：NHÀ XUẤT BẢN KHOA HỌC XÃ HỘI，SỐ 3 - 2007:74-85

可能是扶南帝国的属国）也发现 1 枚金币，但年代较晚些，约在 3 世纪。在印度也发现了大量此种铜钱，因此也有人认为它是由印度人带来的，而尚未发现由罗马商人带来的证据。

（2）来源于中国的。在原扶南帝国的范围，发现了中国东汉时期（25—220 年）的一面铜镜，还有一面刻有中国式“虎”的锡片。可能当时前往扶南帝国的中国人并不多，对扶南港口的影响不算大。中国人最大的贡献可能是中国使者用笔墨记录和复述了行程中的见闻以及对扶南帝国的描述。但是可以肯定中国商品的贩卖也是贸易的目的之一，只是这些物品的经营，主要由扶南人负责。

（3）来源于印度的。来源于印度的东西比较多，在扶南帝国范围发现了 36 枚戒指、玉吊坠、铜吊坠、锡吊坠，以及刻有婆罗米（Brahmi）文字和梵文的祝福语、咒语。

在交易之地，外来货品不是很重要，来了又去，去了又来。商人们长期居留或来往频繁。推测当时在扶南和一些属国，长期居住此地的罗马人和中国人非常少，甚至没有或居留的时间并不长。

但是肯定有许多印度人比较长时间定居于此，这是由他们一些活动的性质决定的：包括给扶南人传授知识。①

扶南帝国之所以能够成为海上丝绸之路对外贸易的重要地区，一方面与其地处中国岭南地区和印度之间这一优越的地理位置有关，另一方面与当时的航海技术主要是依靠沿海岸线航行有关。在扶南帝国时期，当时的船只必须在克拉（Kra）海峡中转和停靠在喔吠港——扶南的港口城市。但是到了公元 7 世纪以后，由于航海船只功能变得更强，航海者积累了更丰富的经验，海船绕过苏门答腊，经过巽他海峡，到达爪哇（Java）；或者经过马六甲（Malaca），到达爪哇、婆罗洲。这样的航行路线更便于做买卖和开发市场。由于公元 7 世纪以后不必沿着海岸线航行，不在克拉（Kra）海峡中转，船只就不必停靠在扶南的港口城市喔吠港，这样，扶南国的贸易和社会经济活动，尤其是外侨的贸易活动逐渐减少和冷清，经济逐渐衰退，国家也逐渐衰落。

（六）越南隆安省喔吠遗址发现仿古罗马银币

越南东南亚史前研究中心的研究员阮越在《从隆安（Go Hang）地区出土文物中的圆形金属谈起——喔吠时期的铜钱或饰物》一文中记述了在隆安省喔吠遗址中发现的扶南帝国仿造罗马帝国铸币的铜钱。图十九中 4 枚圆形铜钱是在越南隆安省（Go

---

① LƯƠNG NINH. "MỘT BƯỚC NGOẶT LỊCH SỬ: NƯỚC PHÙ NAM"[J]. TẠP CHÍ KHẢO CỔ HỌC，HÀ NỘI：NHÀ XUẤT BẢN KHOA HỌC XÃ HỘI，SỐ 3 - 2007:74-85

Hang）喔吠文化考古遗址中发现的，它是用于商业流通的扶南铜钱。

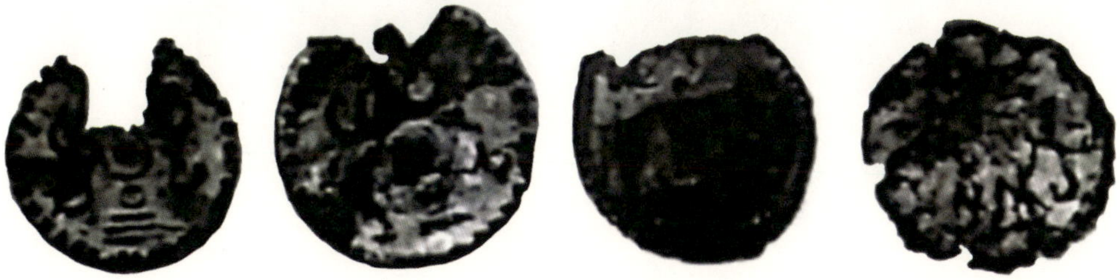

图十九　隆安省出土的扶南铜钱

以上 4 枚铜钱都是圆形，直径约 2 厘米，厚 1.5～1.8 厘米，其中 3 枚非常相似，外部有一小部分被损毁，但仍保留着突起的珠子圆圈。其中 2 枚铜钱的一面图案比较清晰，图像也比较相似，铜钱的另一面模糊不清，但在适合的光线下，也能看出是一头鼻子很长的大象，大象面向东方。第 4 枚铜钱比较完整，但有严重的裂痕，难以保存。这 4 枚铜钱中，有 2 枚的背面还能清晰地看出一个像塔形的图案，有两个圆圈，大圆圈在中间，小圆圈在下面，圆圈中间有一个小点，小点下面有三条很像台阶的线条，两个长塔脚弯起来，和象鼻十分相似。这些铜钱的材质都是铜和大量的铅（锡）或锌合金，因此铜绿色被铅和锌的灰色盖过。

第 4 枚铜钱表面模糊，隆安博物馆书上印的照片虽然模糊，但还能够看出是一头大象的头，从这一点可以假定它与其他铜钱一样，由于严重氧化，很容易遭到损毁，因此铜钱的展出与介绍遇到了极大的困难。从资料上看到的 4 枚钱币的照片也不够清晰，具体情况如图二十所示：

图二十　第 1 枚铜钱的正反面

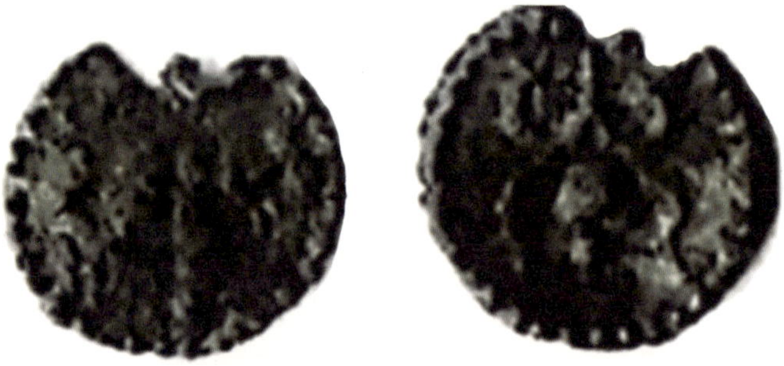

图二十一 第 2 枚铜钱的正反面

图二十二 第 3 枚铜钱的正反面

图二十三　第 4 枚铜钱

这几枚铜钱可能是因为它们曾经被焊接在项链上作为装饰，因铜钱便是饰物上最细小的地方，又经常被拉扯，故很容易断裂，这也是导致隆安省（Go Hang）喔呋文化考古遗址发现的 4 枚铜钱均出现损毁的原因。

除了 4 枚铜钱以外，隆安省（Go Hang）喔呋文化考古遗址中曾经发现过表面铸有罗马皇帝安东尼图案的钱币。这种钱币制作粗糙，比较轻薄，可能是仿造古罗马钱币而铸造的，但是具体的情况还有待更多的考古发现。[①]

图二十四　在喔呋—扶南文化遗址中发现的铸有罗马皇帝图案的钱币

（七）泰国宋卡府他信卡研究中心民俗博物馆展出古罗马金币

据泰国学者阿骖卫在《空铜珠之帝》一书中记载，20 世纪 90 年代在泰国宋卡府 Kluanlukpad 乡 Thawatchai rammanut 村出土了古罗马金币，[②] 目前在宋卡府他信卡研究中心民俗博物馆展出。这种金币被认为可能是在印度仿制的，也被称为印度罗马金币，其尺寸是 1.8 厘米 ×0.6 厘米 ×0.2 厘米。此外，还有许多小的金币[③]。宋卡府位于泰国南部边境，与马来西亚的吉打州（Sai Buri）接壤。自古以来，宋卡就是泰国的重要港口和南部沿海省份，是通向新加坡和马来西亚的南大门，过去有印度人、波斯人、阿拉伯人到这里进行交易，海上贸易繁忙。阿骖卫认为：位于泰国南部的宋卡府一带古代是黄金生产和交易的地区，因此与印度等地贸易频繁，因此印度罗马金币也得以在今泰国南部宋卡一带使用。

图二十五　泰国宋卡府 Kluanlukpad 乡 Thawatchai rammanut 村出土的古罗马金币

① NGUYỄN VIỆT. "TỪ NHỮNG HIỆN VẬT HÌNH TRÒN KHAI QUẬT TẠI GÒ HANG (LONG AN) – ĐỒNG TIỀN HAY VẬT ĐEO (MESDAILLON) THỜI ÓC EO"[M].HÀ NỘI：NHÀ XUẤT BẢN KHOA HỌC XÃ HỘI，2014：732-734.

② 阿骖卫. 空铜珠之帝［M］. 曼谷：拉玛创作，2018：122 – 130.

③ 阿骖卫. 空铜珠之帝［M］. 曼谷：拉玛创作，2018：122 – 130.

二、中国岭南及越、泰出土的古波斯、古罗马钱币与海上丝绸之路

（一）古波斯、古罗马钱币是古代海上丝绸之路的历史见证

中国岭南和越南、泰国等地发现的古波斯萨珊银币、古罗马银币，是作为一种珍贵之物通过海上丝绸之路到达的，是古代海上丝绸之路的历史见证。岭南及越南等地面临南海，不少地区有众多的河流与南海相通，交通便利。出土了古波斯、古罗马银币的上述几个地区，地理位置优越，都有河流与南海相通，便于与海外交往。其中出土古波斯钱币的广东省遂溪县边湾村，有河流经过，在 10 千米外就是河流的入海口，出海乘船方便。另外一处出土古波斯钱币的广西容县，交通也十分便利。广西东南地区有条 500 多千米水路兼程的通海大道，中间有一陆路“鬼门关”，构成南方海上丝绸之路的内陆水道，称为“古越道”，容县就处在这一“古越道”中段的绣江（古称容江）河旁，溯上可到合浦港出海，顺下可到广西水网枢纽梧州，再通往长江水系或珠江水系。而出土古波斯的四娄村沿杨梅河顺流而下到容城绣江仅 20 多千米的水路，交通便利。出土古波斯银币的广东省英德县和曲江县都位于珠江上游的北江河畔，古代乘船从珠江出海也比较便利。

过去，有学者认为：萨珊（古波斯）银币在中国境内分布较广，且在各地区出土的数量不一，埋藏的时间也有先后；根据其分布的总体状况，主要是沿陆上丝绸之路一线，并密集分布于新疆和两京及其周缘这两个区域，但也有少量萨珊（古波斯）银币是通过海上丝绸之路到达的，分布于中国沿海地区广东省。① 而在广西容县发现的古波斯萨珊银币，扩大了萨珊（古波斯）银币的分布范围，也说明了海上丝绸之路带来的货币的交流和影响是巨大的。随着考古工作的深入，将来在中国更多的地方可能会有更多外来钱币的发现。

出土贵霜铜币的喔呋遗址所在的越南安江省，是位于越南西南部的一个平原省份，北接同塔省，西接柬埔寨，东接后江省，南接坚江省。湄公河流入安江省后分前江与后江两条大河，与南海相通，地理位置优越，交通便利，也非常有利于开展海上丝绸之路贸易。

至少在西汉时期，汉朝政府就派人从今天岭南沿海的合浦、徐闻和越南中部的日南乘船出发，开辟了沟通中西的海上丝绸之路。《汉书·地理志》载：当时的海上丝绸之路“自日南障塞、徐闻、合浦”出发，先后经都元国、邑卢没国、谌离国、夫干都

---

① 孙莉．萨珊银币在中国的分布及其功能［J］．考古学报，2004（1）：35－54．

卢国、黄支国，到达已程不国，“汉之译使自此还矣”。到了东汉时期，古罗马等国也曾经通过海上丝绸之路来到了中国。据《后汉书·西域传》记载：“大秦国……至桓帝延熹九年（166），大秦王安敦遣使自日南徼外献象牙、犀角、玳瑁，始乃一通焉。”也就是说，东汉时期古罗马与中国汉朝已经有了直接的联系，并且作为重大事件被中国的《后汉书·西域传》记录了下来。

其后，中国有很多史书中提到岭南白银流通的情况。“梁初，唯京师及三吴、荆、郑、江、湘、梁、益用钱。其余州郡，则杂以谷帛交易。交、广之域，全以金银为货。”元稹在《长庆集·钱货议状》中提到“自岭以南，以金银为货币”。被贬到潮州的韩愈也记载五岭买卖皆用银。这首先与当地盛产银有着很大的关系，同时交、广一带“外接南夷，室货所出，山海珍怪，莫与为比”（《南齐书·州郡志》）。来自古波斯、大秦、天竺以及后来的大食商人，多以金银为货币，这对以交、广为中心的海上丝绸之路始发港地区产生了较大的影响。

夏鼐认为古波斯萨珊银币是一种铸币（Ciosn）。铸币是由货币作为流通手段的功能而产生的。一般的铸币作为法定通货只能流通于国内领域；一到国外，便失去了强制通用力，即失去了法定通货的地位，而成为银块，即成为一种商品，根据它实际上的不同成色和重量而有不同的价值。但是在国际贸易兴旺的时代，常有某一国的铸币成为“国际货币”，即作为当时有贸易关系的各国之间在贸易孔道上的城市一般通用的货币。萨珊银币当时在中东、近东和东欧，是和拜占庭金币一样，作为一种国际货币而广泛地通行使用的。银币是当时古波斯的主要铸币，这种银币在古波斯是作为赋税上的支付手段的主币。[①]

（二）古波斯、古罗马钱币在古代海上丝绸之路商业贸易中的重要货币作用

中国岭南及越南等地把古波斯、古罗马等外国银币作为当地的流通货币，有利地促进了古代商业的发展。当地使用外来货币，是在如下特定环境中形成的：首先，出土钱币的地方都位于中西交流的重要通道处，在这里活跃着众多的外国商人，国际贸易繁荣；其次，由于地处离中央王朝比较偏远的地区，不受中央货币政策的影响，可以使用外来的货币。中国中央王朝控制岭南地区后，随着中央政权的深入，汉朝的铜币和具有货币功能的布帛成为当地使用的流通货币。此后中国虽然仍然不断地涌入外国的金、银币，但是这些外国金、银币可能并未按照它本身的价值被使用。

作为贵金属的银，还可被多方利用，因而除了把古波斯萨珊银币作为货币使用外，当时还有将银币剪边以便重新利用边渣的现象。一些墓葬中出土的许多银币就曾被剪

---

① 夏鼐. 综述中国出土的波斯萨珊朝银币［J］. 考古学报，1974（1）.

掉边缘。因此，当古波斯萨珊银币在该地正式退出流通舞台后，很多被使用过的银币就可能被重新制作成其他银制物件，并且有一些被作为随葬品而在墓中保存了下来。

越南河内大学教授梁宁在《扶南钱币》一文中认为：位于今越南南部一带的扶南帝国，其社会经济和手工业发展较为突出。如陶瓷、钢铁、珠宝、宝石、水晶等文物在喔呋有较多的出土。喔呋是一个具备商业贸易条件的港口城市，除了具有丰富多样的外来商品以外，还发现了能够促进扶南帝国商业发展繁荣的钱币。这些钱币就是螺形和太阳形的喔呋钱币（Monnaie d' Oc Eo a` Conque et a` Soleil）。法国人马勒海对这些钱币进行了记录和分类，包括：①喔呋钱币，有3枚银币，其中A类银币直径3.2厘米，名为螺形/太阳形图案的钱币，实际上是有太阳形图案的钱币，螺形图案的钱币比较少，螺形/太阳形图案的钱币更少，而是以太阳形和Svastika（“卍”字）图案为多见。②“扶南钱币”，但是标注为暹罗钱币与缅甸钱币（Pieces du Siam et de Birmanie），1枚出自泰国，另外1枚标明出自Hmawza。共发现10枚暹罗银币和10枚缅甸银币，具体标明地点是Hmawza，即卑谬（Prome）；还有Sri Ksetra，位于缅甸Ayerwadi河下游。这些所谓的扶南钱币虽然是在喔呋地区发现的，但其真正的出处并不是喔呋地区、扶南地区或越南南部，根据已标明的地点来看，它来自于泰国和缅甸。[①] ③勃固硬币（Pegu Coins），缅甸钱币的总称，它是根据地名来命名的钱币。勃固是位于Ayerwadi河下游的城市，根据族群名称，也叫作“彪关（Pyu）硬币”，是发现在哈林、倍绍诺、Hmawza地区的银币。勃固硬币共发现了2枚银币，其中B类直径为2.8厘米，重量8克，估计属于5世纪左右，其图案是螺形和“卍”字形。这类钱币曾经出现在越南南部的西贡（今胡志明市）附近的喔呋地区和孟加拉湾。这些钱币都属于“日出”（rising sun）类型，都来自于勃固，有一些来自于U Thong。此外，还有2枚A类铜钱，直径为3.4厘米，重量9克，图案是太阳和“卍”字，出土在U Thong和喔呋地区，但是在Halin、U Thong、Chaina发现的数量也较多，“卍”字图案是从倍绍诺—勃固钱币图案演变来的。④倍绍诺（Beithano）钱币，在缅甸倍绍诺北部发现的钱币，地点距离卑谬100多公里，位于Salween河上游，非常靠近Ayerwadi河中游。在缅甸倍绍诺北部，共发现6枚A类铜钱，这些钱币直径3.2厘米，重7.38克；12枚B类铜钱，直径2.82厘米，重7.11克；10枚C类铜钱，直径1.8厘米，重2.2克。这些钱币包括两类：螺形和太阳形以及太阳形和“卍”字形，在总共的46枚钱币中，螺形只有2枚。此外，也有细小的铜钱被发现，这些铜钱直径1厘米，有18枚，正面是简单的三叉戟图案，背面是太阳图案。扶南帝国境内及周边的缅甸发现的钱币数量丰

① LƯƠNG NINH."TIỀN TỆ PHÙ NAM"[J].TẠP CHÍ KHẢO CỔ HỌC，HÀ NỘI：NHÀ XUẤT BẢN KHOA HỌC XÃ HỘI，2011：68-76.

富，种类多样，比其他地方多，这也是其贸易和经济得到比较充分发展的表现。上述的勃固等地的钱币，在4世纪到7世纪，广泛流通于从孟加拉湾、东南亚陆地再到南海的广大地区。

上述这些钱币不是用来展示的，而是用来流通的，反映了当时海上丝绸之路对外贸易的繁荣。而在中国岭南及越南、泰国等地发现的古波斯、古罗马钱币，说明了这些地方既可能是贸易之处、西—东通道，也可能是各地区商人的生活区。

（三）古波斯、古罗马钱币反映了古波斯、古罗马也积极参与了海上贸易

1世纪末至2世纪初，贵霜帝国在政治和军事上崛起之后，在罗马—印度海上贸易的刺激下积极参与到国际贸易中，同西印度洋、东南亚以及帕米尔以东地区均保持着相当规模的远洋贸易。西北印度与印度西北海岸之间的便捷商路通畅之后，贵霜商人可以顺利参与前往西印度洋和东南亚的远洋贸易。印度洋贸易的发展造成对东方货物特别是丝织品需求的增加[①]。古代各国积极参与海上贸易，影响较大。《后汉书·西域传》载：“（大秦）与安息、天竺交市于海中，利有十倍。”《魏略·西戎传》载：“（大秦）又利得中国丝，解以为胡绫，故数与安息诸国交市海中。”这些贸易活动，带来了经济的繁荣和文化的交融。但是，到了4世纪初，贵霜人的国际贸易开始衰落。这是由于以下三个因素共同造成的：①贵霜本土的衰落，特别是4世纪寄多罗人（Kidarite）的入侵；②3世纪以后，罗马帝国走向衰落，导致其下游市场的衰落；③4世纪初，中国中原陷入战乱，贵霜人和粟特人在中国内地的贸易网络崩溃。海上丝绸之路则主要是从海路到达广州后，沿珠江支流北江北上到英德，再到曲江[②]；另一条路线则是从印度、斯里兰卡等地到达广西南部沿海的合浦、广东雷州半岛南端的徐闻等地，再向北分别到达容县和遂溪等地。

贵霜主要发行金、铜两种钱币，但在中国境内只发现了铜币，在阿曼的罗里湾遗址和越南的喔吠遗址也发现有贵霜钱币，均为铜币，因此可以谨慎地推测，贵霜商人在对外贸易中使用铜币。这些钱币反映了贵霜帝国在1世纪末至2世纪向帕米尔以东的贸易扩张，是贵霜商人参与东方贸易的结果[③]。

---

① 罗帅．贵霜帝国的贸易扩张及其三系国际贸易网络［J］．北京大学学报（哲学社会科学版），2016（1）：115－123.

② 孙莉．萨珊银币在中国的分布及其功能［J］．考古学报，2004（1）：35－54.

③ 罗帅．贵霜帝国的贸易扩张及其三系国际贸易网络［J］．北京大学学报（哲学社会科学版），2016（1）：115－123.

（四）古波斯、古罗马钱币被古代人作为宝物收藏和仿制

在广东省湛江市遂溪县附城区边湾村出土的萨珊王朝银币，都有几个穿孔，说明其传入中国后，被穿孔用作衣、帽或佩戴的装饰品。与银币同时出土的十二瓣莲花银碗，外口沿所刻的符号与银币的铭文字母一致，说明此银碗亦是古波斯制造的，与古波斯银币一起通过海上丝绸之路传入中国。边湾村地近南海，村前的田野，古代是海汊，水上交通方便，直通南海，与外通商亦有可能。有些古波斯、古罗马银币被放入陶器中保存，或者在墓葬中作为随葬品，都说明其被作为贵重品保存，体现了古代中国人对这些外来物品的重视。萨珊银币是白银制的，当然也可作为金银珠宝的一部分而埋进墓中随葬。有些古波斯银币都有几个穿孔，显然是缝缀在织物的衣帽上作为装饰品，或系线作为佩饰之用的。① 古波斯、古罗马钱币曾流通使用过，但在其他广大地区，则是作为值钱的银块或银制装饰物看待的。这些银币是当时中国与海上丝绸之路沿线国家和地区的人民经济文化交流的极好物证。

受古罗马钱币的影响，东南亚、印度等地出现了仿造的古罗马钱币。如前所述，在越南 Go Hang（隆安省）喔呋文化考古遗址的出土文物中发现了按照当时的金属钱币风格仿造的带有罗马皇帝 Antonius（安东尼）图案的钱币。② 而在泰国宋卡府 Kluan-lukpad 乡 Thawatchai rammanut 村则出土了印度仿制的古罗马钱币。这些情况都说明了由于海上丝绸之路对外贸易的发展，东南亚、南亚等地出现了仿造的古罗马钱币。

三、结语

海上丝绸之路需要双向互动贸易，既要有从中国到外国的贸易，又要有从外国到中国的贸易。古代中国的圆形方孔铜钱在东南亚、南亚、西亚的不少国家和地区都有发现，如越南、印度尼西亚、马来西亚、泰国、印度、斯里兰卡等国以及西亚、北非等地。而古波斯、古罗马银币在中国岭南及东南亚的发现，是海上丝绸之路双向互动贸易的具体表现。货币是古代海上丝绸之路对外贸易的交换媒介和流通手段，在中国岭南及东南亚出土的外来货币，见证了古代海上丝绸之路的发展和繁荣。海上丝绸之路离不开货币，货币又促进了海上丝绸之路经济带的发展。

过去古波斯、古罗马的钱币，主要在中国西北地区被发现，如新疆吐鲁番，河南

---

① 夏鼐. 综述中国出土的波斯萨珊朝银币［J］. 考古学报，1974（1）：91－112.

② NGUYỄN VIỆT. "TỪ NHỮNG HIỆN VẬT HÌNH TRÒN KHAI QUẬT TẠI GÒ HANG (LONG AN) – ĐỒNG TIỀN HAY VẬT ĐEO (MESDAILLON) THỜI ÓC EO"[M].HÀ NỘI：NHÀ XUẤT BẢN KHOA HỌC XÃ HỘI，2014：732-734.

的陕县，西安近郊，宁夏的西吉县及青海的西宁等地，反映了陆上丝绸之路的情况①。而在中国岭南和东南亚地区发现的古波斯、古罗马的钱币，为研究古代中国和西亚、南亚、欧洲等地海上丝绸之路的情况，提供了新的资料。

从中国岭南及越南、泰国发现的古波斯和古罗马的钱币，可以看出古代海上丝绸之路的繁荣。钱币的发现，是合作和交流的重要体现，也是中西方经济文化繁荣的历史见证。古波斯和古罗马钱币的发现及其意义，对于当今建设 21 世纪海上丝绸之路具有重要的借鉴作用。

（本文为广西钱币学会 2017—2018 年度学术课题重点研究项目结项成果）

① 孙莉．萨珊银币在中国的分布及其功能［J］．考古学报，2004（1）：35－54．

越南景兴钱铸行的时代背景

王瑞东
（广西师范大学历史文化与旅游学院）

摘要： 越南景兴钱是越南后黎朝时期发行的货币，于后黎朝显宗景兴元年（1740）铸造，共行47年。景兴钱版式繁多、钱文复杂、书体多样，是越南铸钱史上所特有的。本文以越南国内因素以及中国钱币的影响为切入点，探究越南景兴钱铸行的时代背景，解释景兴钱版式多样及大量铸行的原因。

关键词： 后黎朝；景兴钱；版式多样；战乱

后黎朝是越南封建国家的鼎盛时期，这一时期，越南经济发展迅速，并出现“洪德盛世”，是越南历史上铸钱质量最好的一个时期。景兴钱是后黎朝末期显宗时期铸行的货币，共发行47年，其版式繁多、材料众多、铸行量十分大。景兴元年至景兴二十三年（1740—1762）为景兴钱的第一个阶段，始铸各种版本的景兴通宝，景兴通宝大致可分为光背、背字和背纹三类，字体有楷书、篆书、隶书、行书、杂书体，根据字形的不同又分为不同的版式。景兴二十三年至景兴四十七年（1762—1786）为第二阶段，景兴杂宝兴起，有景兴巨宝、景兴泉宝、景兴永宝、景兴至宝、景兴重宝、景兴大宝等，景兴制钱的材料千差万别，质量良莠不齐。

一、越南后黎朝前期铸币概况

后黎朝是越南封建国家达到鼎盛并走向衰落的时期，在此之前的李朝、陈朝巩固和发展了越南的封建统治，直到19世纪中叶，西方资本主义列强开始竞相瓜分东方市场，越南沦为法国的殖民地，后黎朝在越南的历史上是一个重要的转折点。后黎朝有360年的时间跨度，因而时代背景较为复杂。景兴钱是后黎朝末期铸造的钱币，其本身的复杂性是在继承了后黎朝前期货币的特点后不断演化而逐步形成的。

（一）货币鼎盛的后黎朝初期

永乐初年由于安南与广西禄州、西平州、永平寨等地发生边界纠纷，“广西思明府知府黄广成奏本府与安南接壤禄周西平州永平寨皆先臣故地逾岁安南屡兴兵侵夺遂遽有之今遇”[①]。加之黎季犛弑主篡位，使明朝与安南之间的嫌隙日益严重，明成祖决定出兵越南[②]，越南经历了短暂的属明时期。1418 年黎利发动蓝山起义，经过十年战争击退明朝军队，于 1428 年建立后黎朝。后黎朝（1428—1788）长达 360 年，但是十分动荡，大致可以分为三个阶段，第一阶段为中央集权高度集中，封建社会高度发展的时期（1428—1527）。[③] 由于后黎朝是在战乱中建立的国家，在其建立之初，经济衰败不堪，农民各地流散，土地荒芜，商业没落，市场流通中仍然持续了陈朝末期以来混乱的货币形式，因而黎太祖黎利在建国之初便大力发展经济：采取均田制将土地分给百姓、防卫军，奖励垦荒，[④] 缩小贫富差距；整修河道，兴修水利使经济得到发展。由于市场的需要，黎太祖黎利于 1428 年 4 月在京都设立铸钱场，铸造顺天元宝[⑤]。铸造数量不多、流通范围较小，但是制作精致，大小重量适中，质量超过前朝的货币。顺天元宝的发行结束了陈朝末期以来混乱的货币状况，稳定了市场的发展，促进了后黎朝初期的经济发展。黎太宗即位后经济发展仍旧缓慢，为彻底改变钱币混乱、短缺的问题，黎太宗采取了统一货币的措施，绍平元年春铸造发行新币绍平通宝，革除弊端，并下令前朝的货币禁止流通。“颁绍平新钱六百余贯，赐文武百官”。1440 年太宗改元“大宝”，随之铸造大宝通宝，大宝通宝制作精美，钱文为标准宋体，为后世铸钱打下了良好的基础。但是由于后黎朝初期商品经济不发达，钱币流通范围狭窄，作用不大。1442 年黎仁宗黎浚即位，改年号为“大和”，并于次年铸行大和通宝，其形制规范、造型精美。1454 年中国明朝皇帝册封黎仁宗为“安南国王”，黎仁宗改元为“延宁”，并于 1545 年春铸延宁钱，延宁通宝在大和通宝的基础上有所改进，钱文布局均匀，为楷书，对读。1459 年铸行的“天兴通宝”仅流通了 8 个月。

黎圣宗时期是越南封建社会的鼎盛时期，黎圣宗聪慧开明，他改革吏治，奖励农耕，开拓疆域，修订史书，注重教育。圣宗时期以谷物和钱缴纳租税，以丝织品和钱缴纳桑田，货币广泛流通于市场，商品经济快速发展。越南人认为这一时期是越南发

① “中央研究院”历史语言研究所．明太宗实录：卷三十［M］．台北：“中央研究院”历史语言研究所，1962：538．

② 陈文源．明朝与安南关系研究［D］．广州：暨南大学，2005：31．

③ 兰强，徐万宇，李华杰．越南概论［M］．广州：世界图书广东出版社，2012：51．

④ 陈重金．越南通史［M］．戴可来，译北京：商务出版社，1992：169．

⑤ 云南钱币研究会，广西钱币学会．越南历史货币［M］．北京：中国金融出版社，1993：29．

展中最为鼎盛繁荣的时期“……使当时我南国更加文明昌盛，显赫于一方。自古至今，我国从未达到如此之强盛。”[①] 光顺年间（1460—1469）铸行光顺通宝，有大小两式，钱文楷书，对读，字体秀丽，光背，制作精美，质量完好。1470 年，改元“洪德”，铸洪德通宝，钱文楷书，直读，是学术界公认越南铸钱史上最为精美优秀的货币。黎圣宗期间基本结束了后黎朝初期混乱的货币现象，越南自主铸造的货币在流通中开始占据主导地位。

图一　光顺通宝

（图片来源：云南钱币研究会，广西钱币学会．越南历史货币［M］．北京：中国金融出版社，1993：137－138．）

图二　洪德通宝

（图片来源：广西钱币博物馆馆藏）

（二）“南北朝”时期混乱的币制

1527—1592 年为后黎朝的第二阶段[②]，大臣莫登庸杀掉李昭宗在升龙自立为王，1530 年后黎朝大将阮淦起兵，1532 年在岑州立黎维宁为帝，自此形成了以清化为界，

① 陈重金．越南通史［M］．戴可来，译．北京：商务出版社，1992：173.

② 兰强，徐万宇，李华杰．越南概论［M］．广州：世界图书广东出版社，2012：51.

莫朝控制北部、阮氏控制南部的南北分裂局面。在这一时期，由于战乱频繁，经济下滑严重，钱币质量普遍不高，莫朝政权铸有明德通宝、大正通宝、广和通宝、永定通宝和光宝通宝，这些钱币铸造量不多，且质量不如后黎朝初期的钱币，呈下滑趋势。阮氏统治的南方地区，初期经济发展不如北方，只铸有元和通宝和嘉泰通宝，由于原本统一的经济市场分裂，经济凋敝，这两种钱币的发行量均不大。

二、景兴钱铸行的时代背景

后黎朝的最后一个阶段为社会极度动荡的一个阶段（1592—1788），这一时期国家政权动荡，战乱频繁。由于国家管理不善，经济发展缓慢，赋税严重，百姓与统治阶级矛盾日益尖锐，景兴钱就诞生于这一时期，加上中国传统文化对越南钱币的影响，使景兴钱具有十分复杂的特性。

（一）中国钱币文化的影响

越南的古钱和中国古钱一样，都为方孔圆钱，带有很强的中国色彩，越南钱币在很大程度上是参照中国钱币铸造的，可见中国钱币对越南钱币的影响之大。自秦到唐的一千多年，越南皆属于中国的直接统治，唐以后与越南建立藩属国的关系，越南向中国朝贡，国王受中国册封，1677 年清朝康熙帝派遣使者来册封黎皇为安南国王。越南自丁朝建立独立的封建国家开始，在政治制度、礼乐教化、人文风俗方面大多效仿中国。后黎朝时期越南对中国的政治制度表现出高度赞赏并效仿，冯克宽在出使明朝时曾写道：“偶合寅缘千里外，相期龙气两情中。些回携满天香袖，和气熏为万宇风。”① 体现了越南使者对中国政治形象的赞赏。选官上同样采用科举考试制度，而且制度基本相同，从李朝开始实施直到阮朝废除，奉行了八百多年。文化上同样兴儒尊孔，倡导学习儒家经典并熟知中国文学。中国作为亚洲一个极具影响力的国家，其在政治、经济、文化等多方面辐射周围的国家，形成一个中华文化圈。

越南在丁朝以前一直使用中国钱币和金银进行贸易流通，尽管各朝皇帝曾多次下令禁止流通中国古钱，但是直到阮朝后期在越南北部的山区依旧有北宋和清朝的钱在流通。在丁朝时开始仿照中国方孔圆钱铸造的“大平兴宝”钱风古朴，带有五代钱币的风格。后越南历代都铸造钱币，钱币数量繁多，并且可以在以下几个方面看出中国钱币对越南钱币的影响。首先，越南钱在形制上效仿中国圆形方孔钱。中国钱币自秦半两开始，使用圆形方孔钱，造型美观，铸造时便于打磨且方便携带。越南古钱币自

---

① 复旦大学文史研究院，越南汉喃研究院．越南汉文燕行文献集成：第一册［M］．上海：复旦大学出版社，2010：64.

丁朝开始便用方孔圆钱，直到殖民地时期仍有方孔圆钱流通。其次，钱文依照中国钱币的习惯，多铸年号钱以及宝文钱。中国最早的年号钱为十六国时期汉李寿所铸的“汉兴钱”，后朝也有年号钱的铸造，到宋代年号钱十分兴盛。由于其便于纪年等原因，越南从丁朝的“大平兴宝”开始便铸年号钱。自唐代开始钱币的名称不再以重量命名，而是以宝文钱的形式出现，宝文钱字体工整，结构严谨，对越南钱币产生重要影响。最后，越南钱在多方面效仿中国钱，如字体风格多出现楷书、隶书、行书等；钱背地名和时间，如背“山西”景兴通宝，越南陈朝也有对钱的出现等。景兴钱是仿照中国南宋时期的钱铸造的，南宋宁宗时期铸造的嘉定钱钱文繁多，和景兴钱有相似之处。①嘉定钱是南宋时期钱币文化发展到顶峰后的产物，景兴钱同样是越南钱币文化发展最为繁荣时期的产物。两宋时期的动荡环境影响了嘉定钱繁杂的版式，景兴钱同样是由于国家政权更迭、战乱频繁造就了其繁杂的版式。越南钱币充分体现了中国的文化内涵，中国钱币对越南钱币有着至关重要的影响，反映出中国文化对越南的深远影响。

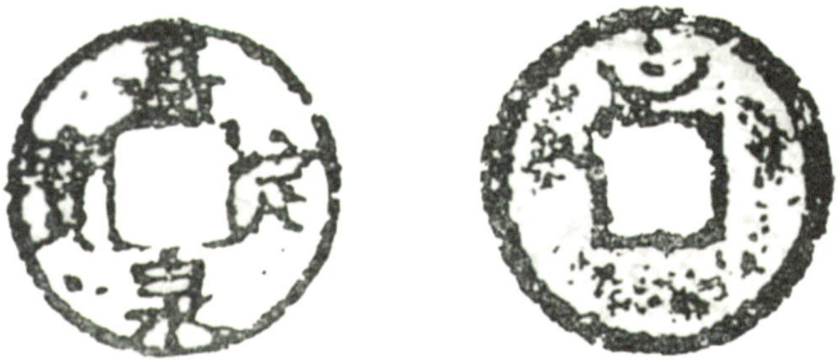

图三　嘉定泉宝

（图片来源：高汉铭. 简明古钱辞典［M］. 南京：江苏古籍出版社，1990：327.）

图四　景兴泉宝

（图片来源：广西钱币博物馆馆藏）

① 王民同. 中越古钱币文化关系史述略［J］. 东南亚，1999（1）：42－46.

（二）国家政权动荡

国家的政权更迭和政治制度是影响铸币情况的决定性因素，景兴钱发行的时代背景十分复杂，发行于后黎朝最后一个阶段（1592—1788），同时也是政权最为动荡的一个阶段。这一阶段主要有两个政权，分别是黎皇在北方建立的正统政权以及被郑氏排挤至顺广（今顺化）一带的阮氏。南朝时期大将阮淦死后，朝中大权落在其女婿郑检手中。郑检能力突出，足智多谋，加上黎皇对其的信任，郑检的权力日益强大。在中宗驾崩后兵权落入郑检手中，① 郑检的权力甚至超过阮淦在世时的职权，黎朝实际的决策权在郑氏手中。在这期间南北战争不断，黎朝向北方出兵十余次但皆以失败告终，直到 1592 年，郑检次子郑松收复升龙（今河内），使莫氏节节后退至高平，实现了“黎朝中兴”②。在北方建立政权的黎朝虽然实现了“黎朝中兴”但仍旧大权旁落于朝臣手中。郑松凭借着消灭莫朝的功劳“自称平安王，出定皇家赋例，税一千社，名为上进；兵五千人，名为宿卫”③。黎皇除了参加重要的祭祀、进行册封、接见外交使臣以及主持科举殿试等大型活动外，不能参加任何政治活动④。黎皇作为君主只有虚设的地位，并没有实质的权力，而郑松作为实权的掌控者修建了“王府”，被称作主府，作为国家的权力机构⑤。越南后黎朝形成了“黎皇郑主”的时代，直到 18 世纪后期这种现象才得以结束。

郑主统治黎朝近两个世纪的时间，可分为三个时期，第一个时期是郑检、郑松时期，第二个时期为郑柞、郑跟和郑棡时期，第三个时期为郑杠、郑楹和郑森时期。郑氏基本上全权掌握了国家的统治权，“一切政务和军民之事，悉有主府定夺……”⑥ 且实质上加强了国家的中央集权。后黎朝的典章制度主要效仿明朝的中央集权制度，在国家建设发展中也逐渐形成自身特色。在政治制度上基本沿用黎朝前期的体制，但是由于郑氏掌握中央决策权，他需要一个辅佐中央机构的班子，因此郑检取消原有的左右丞相以及上相平章军国事，设立参从和陪从职务，管理政务⑦，以一种没有官衔的形式参与决策国家军政要事，相当于宰相的职务，这样也避免了权臣的出现而威胁郑主的地位。郑主给予一部分退仕贤能的官员“参与朝政”的头衔，成为国老，为国家政

---

① 陈重金．越南通史［M］．戴可来，译．北京：商务出版社，1992：198.
② 张文亮．越南后黎朝后期的“黎皇郑主体制”［D］．郑州：郑州大学，2007：12.
③ 吴士连．校合本大越史记全书·本纪卷十七［M］．陈荆和，编校．东京：东洋文化所，1984：889.
④ 张文亮．越南后黎朝后期的“黎皇郑主体制”［D］．郑州：郑州大学，2007：12.
⑤ 张文亮．越南后黎朝后期的“黎皇郑主体制”［D］．郑州：郑州大学，2007：13.
⑥ 陈重金．越南通史［M］．戴可来，译．北京：商务出版社，1992：223.
⑦ 陈重金．越南通史［M］．戴可来，译．北京：商务出版社，1992：222.

事提出自己一些观点建议①。除了保留原有的吏部、礼部、户部、兵部、工部、刑部外，郑主还另外设有六番，名义上从属六部，但实质上从属郑主代替六部统管国家事务。后黎朝的中央监察机构由御史台和六科构成，御史台由都御史、副都御史、监察御史、提刑监察御史组成，负责监察文武百官，六科负责监察六部②。后黎朝的选官制度受中国影响，主要通过科举考试来选拔官员，三年一次，考试也是分为乡试、会试、殿试三级，最后由黎皇主持殿试。黎皇和郑氏大多都精通儒家学说，儒学也是科考的一项。由于在这动荡的两个世纪中战争不断，因此国家注重对军队的建设。在郑主时期“节制”是国家最高军事职位，为了总揽军事大权，郑氏一般选择自己的接班人来继承此位。军队主要分为皇家侍卫、从属郑主、战争期间用兵（平日驻守京城）、各地镇守。将军队分为优兵和一兵，受到信任的成为优兵，用来驻扎京城、保卫主府，一兵主要负责与阮氏的战争和镇压农民起义，优兵中最忠诚的军人建立了宿卫队，他们受到特别的优待，可以得到封爵以及公田。但优兵和宿卫队恃宠而骄，强抢百姓财产、蛮横霸道引起百姓不满③。

在这期间后黎朝神宗盛德年间（1653）铸造了盛德通宝，后永寿年间（1658）铸造了永寿通宝和永寿之宝，有楷书、行书、隶书、杂书、草书五种字体的钱币。由于铜料短缺，铜钱中多参入锡和铅，质量较差。

郑氏治理国家的前两个阶段国家趋于安定，尤其是郑根、郑柞时期着手整顿律例、科举等，使得国内安定。景兴元年至景兴二十三年（1740—1762）显宗黎维祧发行景兴通宝，景兴年间郑杠掌权后便开始暴虐统治，滥用民力修建宫殿，奢靡成风，导致需要大量的钱财维持皇室和主府的日常开销。景兴通宝始铸于京都，不久之后由于国家监管不严，各地钱场涌现，使得钱币质量参差，真假难辨。因而 1753 年郑楹下令取消各镇的钱场只保留京师附近的两个钱场④。但是效果甚微，钱币形制异常混乱，私铸钱仍旧猖獗，使得景兴通宝的版式繁杂，材料多样，多为铜制，少有掺杂锌或铅。景兴通宝有光背、背字和背纹三类，背字通常是纪年和纪地的，如背“庚申”景兴通宝为景兴元年（1740）铸。由于景兴钱的种类繁多，在此暂不一一讨论。但是我们可以看出薄厚均匀，形制规整，直径在 2.3 厘米，宽在 0.11 厘米以上的钱应为官场所铸，其余质量参差不齐、不规范的钱币应为私铸。也可从其钱文的不同结构组合推测出景兴初年铸造景兴通宝的钱场不少于十余家⑤。景兴二十一年（1760）由于管理制度的不

① 张文亮. 越南后黎朝后期的“黎皇郑主体制”［D］. 郑州：郑州大学，2007：22.

② 张文亮. 越南后黎朝后期的“黎皇郑主体制”［D］. 郑州：郑州大学，2007：26.

③ 明峥. 越南史略［M］. 范洪科，译. 北京：生活·读书·新知三联书店，1958：221.

④ 陈重金. 越南通史［M］. 戴可来，译. 北京：商务出版社，1992：228.

⑤ 云南钱币研究会，广西钱币学会. 越南历史货币［M］. 北京：中国金融出版社，1993：38.

完善和战争的需要，越南政府不得不承认私铸钱场的存在，以山西为首开禁，各地纷纷效仿，共开铸钱，并在钱币背面加上铸地命名，如背“山西”景兴通宝，为山西（今黄连山省）铸钱场铸造。各镇还需设立专门的官员监督铸造，自景兴二十一年至景兴二十三年（1760—1762）的这一批景兴通宝虽然铸地不同，但质量较好[①]。

图五　背“庚申”景兴通宝

（图片来源：私人收藏）

图六　背“山西”景兴通宝

（图片来源：私人收藏）

（三）财政负担严重

郑氏治理国家时期，商品经济流通、贸易交往、缴纳赋税，发放军饷甚至科举考试的过程中均需要以钱进行支付，社会对钱币的需求极度上涨，在很大程度上助长了景兴钱的铸造数量增加。同时越南商业快速发展，逐渐在各镇形成小型市场。传统手工业也得到快速发展，尤其是养蚕和缫丝业。早在 17 世纪越南就与法国、葡萄牙、荷

---

① 云南钱币研究会，广西钱币学会．越南历史货币［M］．北京：中国金融出版社，1993：39．

兰、西班牙等国家有贸易来往①。皇室也参与其中赚取利益，并收纳税金“定北商艚舰税例。艚准税钱八百贯，舰六百贯，小舰五百贯……严逃税偷搬之禁”②。

后黎朝税收的主要来源是丁税、田税和徭役，由于战争人口时常变化，因此每六年编一次户口簿藉，据此缴纳人头税。通过丈量公田公地缴纳田税，分为三等，头等每亩每年缴纳 1 贯，二等每亩缴纳 8 陌，三等每亩缴纳 6 陌。景兴二年（1741）下达三条政议“一、行府兵法；二、劝补私田加租；三、赋纳钱法”③ 规定私田也需要加收租金，其余的徭役不胜枚举，如筑桥、铺路、护堤、修建考场、主府祭祀，等等。如景兴三年（1742）以道路损坏需要修理为由复征徭役，“仝年收每丁古钱六百陌，牌表祭卷总在其中。后以桥梁道路、多有废坏，复议收户分钱，已而勾催收送……”④ 在众多赋税中盐税让百姓饱受磨难，1721 年始收盐税，盐商需要缴纳两成盐税，但由于官员腐败，盐商需要先买通官员才能贩盐，后来这种现象愈演愈烈，盐商便纷纷放弃贩盐，致使盐价飙升，百姓苦不堪言，1732 年郑主不得不取消盐税，以保持社会稳定。但是取消了盐税国家便缺少一部分维持军队开支的经济来源，因此 1747 年重新征收盐税，制度严苛，设立专门的地方官监管，“减盐税。先是盐户一灶，岁收钱十二缗，复有盐田税，民颇苦其重，乃量减常额。又以有司征督苛刻，命按治之”⑤。当时后黎朝百姓需要缴纳的税金远远不止于此，食品鱼肉、肉桂、蜂蜜、油、酒，日用品纸张、布匹、席、丝绸、竹子，金属金、银、铜、铁等均需要缴纳土产税，百姓负担沉重。科举考试也需要交纳每人五百陌的税，1750 年后颁布条例，考生可以通过缴纳钱免除一项考核，甚至雇人代考⑥，科举考试变得腐败不堪，社会逐渐走向衰退。各种杂税均需要用钱支付，官铸钱远远不足以使用，铸币量必须扩大，助长了私铸钱的兴起。税收的沉重不仅是杂税繁多，对税收监管也十分严格。对不按时缴税的人需要严惩，对按时缴纳税的给予奖励。1749 年“初定田税征收限外例额，春秋二期为征限，残破餮黄与贫欠量减，顽强废欠者罚之。征足税额而民不扰者，奖赏，达者抵罪”。⑦ 对各级镇也加收税金，1752 年 7 月“征外镇农人七族税。每年农人每率六陌，七族每家一贯。又七族例有见屋，三年一期，每家银二两”⑧。在这样的情形之下，市场流通货币供不应求，显宗不得不承认私铸钱，允许各地钱场铸钱，加大铸币量以满足市场的需要。

---

① 兰强，徐万宇，李华杰．越南概论［M］．广州：世界图书广东出版社，2012：．53．
② 吴士连．校合本大越史记全书续编：卷四［M］．陈荆和，编校．东京：东洋文化所，1984：1129－1130．
③ 吴士连．校合本大越史记全书续编：卷四［M］．陈荆和，编校．东京：东洋文化所，1984：1112．
④ 吴士连．校合本大越史记全书续编：卷四［M］．陈荆和，编校．东京：东洋文化所，1984：1113．
⑤ 吴士连．校合本大越史记全书续编：卷四［M］．陈荆和，编校．东京：东洋文化所，1984：1124．
⑥ 明峥．越南史略［M］．范洪科，译．北京：生活·读书·新知三联书店，1958：216．
⑦ 吴士连．校合本大越史记全书续编：卷四［M］．陈荆和，编校．东京：东洋文化所，1984：1132．
⑧ 吴士连．校合本大越史记全书续编：卷四［M］．陈荆和，编校．东京：东洋文化所，1984：1135．

18 世纪 50 年代，越南开采多处矿产，如宣光的聚龙铜矿、南昌和隆升银矿。在兴化有呈灿和玉碗铜矿，在太原有爽木、安欣、送星、廉泉、务农铜矿，在凉山有怀远铜矿①。朝廷派官吏去管理各个矿场，多处矿产的开采支持了景兴钱的大量铸造，为景兴钱的铸造提供了原材料，同时也满足了与国外商船的贸易流通。

（四）战乱不断

后黎朝末期战乱不断，主要有与阮氏的战争和农民起义。在 1627 年到 1672 年的 45 年中郑氏和阮氏共有七次大的交战，并且有许多小摩擦，百姓不仅要忍受战乱苦痛还要被迫充军。自 16 世纪南北战争开始，越南人民一直生活在战争的硝烟之下。百姓苦于战争，沉重的赋税使农民抬不起身，加上郑氏统治的封建社会日益腐朽，农民阶级与封建统治阶级的矛盾终于爆发，使整个 18 世纪各地农民起义不断。景兴年间（1740—1786）是越南历史上战争极为频繁的时期，国家不断强化军队，军费开支极大。郑栩晚年怠慢朝政，赋税严重，因此农民想要推翻郑氏专权。到郑杠即位，杀害了黎皇以及几位大臣，极度残暴，生活奢侈浪费，朝中黎维祝等九位宗室与朝臣预谋焚烧京城除掉郑氏，不料事情败露，被迫外逃。景兴年间（1740—1786），各地的农民起义不胜枚举，从景兴元年（1740）开始就镇压各地起义，“外地各镇，处处有盗贼……这些盗贼多者啸聚万人，少者也有成百上千人，四出剽掠乡村，围攻城邑，官兵不能治”②。并改制军队以镇压农民起义“时以诸道攻讨，多用火箭却贼……贼犯山西镇，分兵掠福禄，先丰诸系……山南贼秀高”③，“西北贼始各震惧”④，但效果都甚微。此后的 30 年间起义日益频繁，有些起义两三年便被镇压，有些起义持续十多年之久。如黎维樒 1738 年谋杀郑氏失败后，组织农民起义，直到 1769 年才被郑氏扑灭。阮有求为了推倒腐败的郑氏王朝起义维持了八年，阮名芳起义和黄公质起义等都是一些规模较大的起义，在一定程度上打击了郑氏的统治。

数不清的起义和战争使得国家残破不堪，农民失去田地，忍受饥荒，流离失所，忍受豪强的剥削，部分农民到各个工厂工作，其中就包括铸币场。大量的农民在铸币场中工作保证了市场流通以及战争所需要的钱币。景兴元年（1740）显宗下令银、钱通用，国内贸易使用铜钱，军饷用银支付，“定银钱通法，龙德永佑间、天下专用钱币银价稍贱。及兵与多用银给饷，商人并减其价，兵食逐梗”⑤。可见景兴元年钱币不充

---

① 陈重金. 越南通史［M］. 戴可来，译. 北京：商务出版社，1992：228.

② 陈重金. 越南通史［M］. 戴可来，译. 北京：商务出版社，1992：230.

③ 吴士连. 校合本大越史记全书续编：卷三［M］. 陈荆和，编校. 东京：东洋文化所，1984：1095.

④ 吴士连. 校合本大越史记全书续编：卷三［M］. 陈荆和，编校. 东京：东洋文化所，1984：1102.

⑤ 吴士连. 校合本大越史记全书续编：卷三［M］. 陈荆和，编校. 东京：东洋文化所，1984：1100.

足，后由于战争的需要，国家重视军队的建设，军士更是骄傲蛮横，景兴初年铸造的景兴通宝大钱背后文有飞龙的图案，应是作为“赏功钱”发送给军队士兵的[①]。1776年，郑氏攻下顺化之后，在富春铸行景兴顺宝 3 万缗[②]，多用废旧兵器、铜器铸造，这也是景兴年间最后一次较大规模的铸钱[③]。

图七　景兴通宝

（图片来源：私人收藏）

图八　景兴顺宝

（图片来源：广西钱币博物馆馆藏）

虽然中央认可了各地方铸钱场，加上贸易流通以及军需钱币仍有不足，景兴二十三年至景兴四十七年（1762—1786）开启了景兴钱铸造的第二个阶段。这一时期，战争早已将稳定的社会搅乱，政局动荡激烈，封建统治日益腐败，经济残破，加上矿产业的发展，以及赋税、商品交往和军事需要，中央及各地铸钱场开始铸造各式各样的

① 云南钱币研究会，广西钱币学会．越南历史货币［M］．北京：中国金融出版社，1993：39.

② 陈重金．越南通史［M］．戴可来，译．北京：商务出版社，1992：228.

③ 云南钱币研究会，广西钱币学会．越南历史货币［M］．北京：中国金融出版社，1993：39.

景兴钱，如景兴巨宝、景兴泉宝、景兴永宝、景兴至宝、景兴重宝、景兴大宝等。这一时期的景兴钱主要以美化钱名和铸造地两种方式命名。如“景兴泉宝”意为流通如水的钱币，“景兴内宝”造型精美则为户部内帑厂监制。设有日昭、鏖桥、山西、太原等钱场，由于铸造地不同，所用材料、制造工艺也有所不同，因此铸造形制、书法还有质量都各不相同。

后黎朝时期铸造的景兴钱数量之大、版式之多、材料之复杂是越南铸币史上仅有的。其特殊的原因需要从多方面入手，首先由于深受中国文化的影响，所以其钱币基本上效仿中国钱币的形制。其次，由于国家动荡，政权更迭频繁，国家赋税繁多，国内外贸易的不断发展加上战乱频繁，市场中流通的货币、百姓缴纳赋税的货币以及战争所需钱币都远远不够。由于政府忙于战乱，既不能制定合理的货币铸造制度，又满足不了市场需求，不得不承认各地方私铸钱场。各地铸钱场的制作技术和材料都有所不同，导致景兴钱版式繁多的混乱局面。景兴钱混乱的现象也是后黎朝末期皇权衰落社会动荡的体现。

（本文为广西钱币学会2017—2018年度学术课题学生研究项目结项成果）

太平天国钱币与天国兴衰的探讨

莫华妮

（广西师范大学历史文化与旅游学院）

摘要：本文以货币的视角，从清朝金田起义之前国家的货币情况着手，分析全国货币对当时社会、经济以及人民生活的影响；再从永安建制后太平天国货币的铸造量、分布范围及对比这一时期清朝的货币情况，分析太平天国兴盛的背景；最后通过对太平天国钱币本身的弊端进行分析，更深入探讨太平天国衰败的原因。

关键词：太平天国；货币；兴衰

太平天国运动（1851—1864）经历了道光、咸丰、同治三朝，是世界历史上规模空前的一次农民起义。这场声势浩大的农民起义从广西一个小村庄开始，席卷了中国两广、湖南、湖北及江苏等地，影响了这些地区的政治、经济、社会生活以及货币制度。一个时代的货币产量、流通范围与其相关制度，可以反映这个时代的经济、政治和人民的生活。而在这场战争中，清廷的货币制度和太平天国的货币制度处在一种“此消彼长”的关系中，通过对这层关系的剖析，可以让我们更全面地认识太平天国运动的兴衰过程。

一、混乱的币制与农民起义

（一）清廷混乱的币制

鸦片贸易导致中国白银外流、通货膨胀。道光年间白银价格上涨，银贵钱贱的情况愈加明显，道光十六年（1836）给事中许球上奏折：“乾隆年间国库充盈，农舍亦甚丰足。当时纹银一两合制钱一千文，而今则合一千四百至一千五百文矣。上等纹银数量日益减少，物价日见上涨，由于纹银短缺，官民均受困窘……鸦片贸易实为白银外流之主因。”① “夷商卖物则必索官银制钱，买物则概用番银夷钱……至鸦片烟一物，流毒滋甚，该处伪标他物名色，夹带入粤，每岁易银至数百万两之多，此岂寻常透漏可比。”② 由鸦片贸易导致的白银外流、通货膨胀，使道光、咸丰时期的清政府处于内忧外患的状态。

外来的货币对清廷本身的货币体制带来了巨大的冲击。鸦片战争使中国国门被西方列强强行打开，清政府在对外贸易以及货币的使用上没有一点准备，只能被动地跟着局势走，导致白银价格不断上涨，银贵钱贱的情况愈加明显。外来的钱币开始在贸易中占主导地位，当时发生的变化可以从清廷官员的奏折中窥探一二。道光十六年（1836），两广总督邓廷桢上奏折：“创自外夷，沿海商民因利乘便，积年既久，行使遂多……夷船停泊之所，即洋钱散布之区。”③ 道光十八年（1838），两广总督邓廷桢上谕：“洋钱来自外洋，虽系用银铸造，成色甚属低潮……内地商民多以洋钱便于使用，更可多换钱文，甚至元宝银两亦须换作洋钱，再换制钱，方为得利……数年以后，到处具以洋钱交易，关系尤非浅鲜等语。”④ 从这些材料中可以看出，成色不足的外国银圆流通量及范围不断扩大，加剧了当时中国的通货膨胀，使原本混乱的市场经济雪上加霜。

这些外来的钱币也催化了当时清廷混乱币制的进程，私铸、私运、官局减重、省局停铸等现象更加明显。道光八年（1828），御史张曾奏：“广东行省使钱文，内有光中通宝、景盛通宝两种最多，间有景兴通宝、景兴巨宝、景兴大宝、嘉隆通宝，谓之夷钱，掺杂行使。”道光十五年（1835）正月，广西巡抚惠吉奏：“南宁府宣化县拿获私铸铅钱的人。”⑤ 道光十六年（1836）御史黄仲容奏：“海船自南澳大汕头、奄埠等处偷运景兴、光中钱文，亦有奸民私铸。”⑥ 私铸、私运、私销以及外国轻钱的输入，加重了清廷的财政负担，进一步加大了国内的通货膨胀。特别是用其他金属掺杂其中的私铸行为，更是影响了百姓的生活。

---

① 中国人民银行总行参事室金融史料组．中国近代货币史资料：第一辑 清政府统治时期：上下册［M］．北京：中华书局，1964：25.

② 中国人民银行总行参事室金融史料组．中国近代货币史资料：第一辑 清政府统治时期：上下册［M］．北京：中华书局，1964：1－2.

③ 中国人民银行总行参事室金融史料组．中国近代货币史资料：第一辑 清政府统治时期：上下册［M］．北京：中华书局，1964：46－47.

④ 中国人民银行总行参事室金融史料组．中国近代货币史资料：第一辑 清政府统治时期：上下册［M］．北京：中华书局，1964：47.

⑤ 中国人民银行总行参事室金融史料组．中国近代货币史资料：第一辑 清政府统治时期：上下册［M］．北京：中华书局，1964：97－98.

⑥ 中国人民银行总行参事室金融史料组．中国近代货币史资料：第一辑 清政府统治时期：上下册［M］．北京：中华书局，1964：97－101.

为了扭转这种尴尬的局面，应对银贵钱贱问题，清政府企图制定银钱比价（即通过减少制钱供应数量来降低银对钱的相对价格），达到以钱代银的目的。但清政府如此做还是出于以下两项理由：“第一，铸钱费用通常用白银支付，此时白银价格越来越高；第二，铸造制钱花费的白银还多于所铸铜钱在市场上可换取的白银。”① 道光二十六年（1846），铸造制钱的成本是收益的三倍到四倍。② 所以尽管制钱的供应量减少，白银相对铜钱的价格却依然不断攀升，清政府采取的举措并没有成功，银贵钱贱问题并没有改善。道光二十四年（1844），江西巡抚向清廷奏请用钱以平银价，紧接着军机大臣穆彰阿等向清廷请示“用钱以平银价”在江西试行。但是朝廷对此并没有积极的反应，“道光二十六年，广西仍循其旧毋庸另立章程，即每银一两换制钱一千六百文。”③ 不仅广西，其他很多省份也仍依照旧的章程来办理，并未改用制钱而一直用银。为了维持清政府的正常运作，从道光十八年（1838）开始，广西巡抚梁章钜建议清廷铸造大钱，即铸造当十至当千大钱。道光二十二年（1842），御史雷以诚也建议铸造大钱，他认为“现在市价每银一两易制钱至一千四五百文不等，银少则贵，钱多则贱”，因此建议铸造一两重当百钱。道光二十六年（1846），安徽巡抚王植也上书建议清廷铸造大钱。④ 咸丰二年（1852），先是四川学政何绍基、御史蔡绍洛，次年又有大理寺卿恒春等奏请变通钱法，铸造大钱。咸丰帝要户部议奏，户部复称：可“试行当十大钱，每文以六钱为率”，并称“当五十一种或可与当十大钱一并试行”⑤。咸丰大钱的开铸，埋下了清廷货币制度崩坏的伏笔，自此清廷钱币私铸现象一发不可收拾。

清廷币制原本是银、钱并用的双本位制度，社会上以钱为主，但要求百姓在与朝廷交接之时以银为主，如地丁钱粮的输纳、工资的支付都是以钱折算成银来交易的。⑥ 不变的征收兑换方式加上混乱的币制，加剧了清政府和广大百姓的矛盾。不断贬值的货币让百姓的日子越发难过，对清政府越发失望。清政府当权者把铸造大钱视为增加财政收入的工具，为了保持收入而加大剥削广大劳动人民的力度，人民生活水平日益下降，社会动荡不安。道光二十六年（1846）广西地区出现大面积的自然灾害，人民生活雪上加霜，终于引发了一场轰轰烈烈的农民起义。

---

① 林满红. 钱线：19 世纪的世界与中国［M］. 南京：江苏人民出版社，2011：8－9.

② 林满红. 钱线：19 世纪的世界与中国［M］. 南京：江苏人民出版社，2011：8－9.

③ 中国人民银行总行参事室金融史料组. 中国近代货币史资料：第一辑 清政府统治时期：上下册［M］. 北京：中华书局，1964：119.

④ 中国人民银行总行参事室金融史料组. 中国近代货币史资料：第一辑 清政府统治时期：上下册［M］. 北京：中华书局，1964：100－158.

⑤ 中国人民银行总行参事室金融史料组. 中国近代货币史资料：第一辑 清政府统治时期：上下册［M］. 北京：中华书局，1964：100－158.

⑥ 罗尔纲. 太平天国史：第一册［M］. 北京：中华书局，1991：36.

（二）农民起义爆发

1846 年至 1850 年，两广地区灾难不断，特别是广西地区，原本脆弱不堪的经济一度崩溃，很多人在饥饿和死亡的困境里挣扎。太平天国运动的群众基础主要是贫苦的农民，还有与农民相关的佣工、手艺人、水手、陆路运输人员、矿工以及居无定所的人等。① 洪秀全在广西桂平、武宣、贵县（今贵港）、博白等几个州县发出起义的号召，几乎都能得到当地广大农民的响应。不难发现，这些地区本身阶层矛盾已经到了不可调和的地步，当地人民都在等待一个可以改变的契机。早在嘉庆、道光年间（1796—1850），土地兼并激烈，以金田村为例，全村水田约七百五十亩，本村韦、谢两姓地主各占约一百亩，外村地主又占去四百四十多亩，地主共占土地六百四十多亩，为百分之八十五以上。地租一般是佃农收获的百分之五十到百分之七十，有的高达百分之八十。地主阶级还在政治上压逼佃农。② 不仅如此，道光十三年（1833）全国田亩因天灾冲塌、抛荒减为 742 000 000 亩……而人口又增到 398 942 036 口，每人平均亩数只得 1. 86 亩。③ 1846 年至 1850 年，只计算由疆吏奏报受灾的州县数，其匿灾不报的不计在内，五年内平均有 605 个州县受灾。1846 年至 1851 年，黄河流域和长江流域各省连续遭到严重的水旱灾害。广西地区也是水、旱、蝗灾不断。人祸、天灾，使人民陷于失业破产、饥饿死亡的困局。④ 频繁的天灾以及人口与田亩的比例失调，也使人民的生活更加困苦。社会经济出现问题，首当其冲的是处于社会最底层的劳动人民。为了争取更好的生活，道光三十年（1850）广大劳动人民在广西桂平县金田村宣布起义。金田起义之后太平军势如破竹，咸丰元年（1851）进入武宣，洪秀全在武宣的东乡即天王位，正号太平天国，立幼王、建军师、设百官、蓄发易服，等等。

（三）定都天京与开炉铸币

太平天国这场农民战争几乎与咸丰时期的内乱重叠在一起，这场农民战争使清朝原本弊端重重的货币制度缺陷日益暴露。太平天国早期实行《圣库制度》，即太平军都要上交自己的财产，此后的衣食住行皆有计划地分配，因此太平天国早期是没有铸币的需要的。直到咸丰三年（1853）六月，太平天国才开始在天京铸造钱币。但铸造钱币的材料混杂和工匠技术生疏，导致铸不法且铸造出的钱币铜铅不均而被迫停铸。直

---

① 罗尔纲. 太平天国史：第一册［M］. 北京：中华书局，1991：28.

② 罗尔纲. 太平天国史：第一册［M］. 北京：中华书局，1991：32.

③ 北京未来世纪教育科学研究所. “天王”洪秀全［M］. 乌鲁木齐：新疆青少年出版社，2006：68.

④ 罗尔纲. 太平天国史：第一册［M］. 北京：中华书局，1991：37 – 38.

到太平天国甲寅四年（1854）五月二十三日，东王杨秀清在答复英国人的诰谕时还在做铸造试验，同年秋天才铸造成功[1]。这个时候太平天国需要有自己的铸币，原因主要有以下三点：

第一，为了满足统治区人民的物质需求，稳定其统治。咸丰三年（1853），太平军攻克南京后，改南京为天京，正式建都，并颁布了一部纲领性的文件《天朝田亩制度》，规定“天下人人不受私，物物归上主”“有田同耕，有饭同食，有衣同穿，有钱同使”“规定余粮、余钱缴国库的办法”等。随着太平军统治区域的相对稳定，为了稳定统治，对圣库制度也做了一些改革，设立系统的圣库管理机构与制度。但太平天国这种理想化的制度根本无法融入社会经济中，这种公有的政治纲领使天京地区贸易受到限制，咸丰四年（1854）一个来华的外国人在其见闻录中这样描述道：“凡所有东西都是共有财产，当然没有商业，全城无一商店可见，也无商品可售。”[2] 在天京内废除私人商业的经营，逐渐导致天京城内经济的停顿，进一步阻碍经济贸易发展。[3] 但社会的发展、生活资料的获取以及人民幸福指数的维持是需要靠贸易来完成的，因此其统治区的人要到其统治区以外的地方去进行相关的贸易，但那些贸易地区大多是以清廷发行的清钱为主流，《金陵癸甲新乐府》中提到：“出城与人交易，依旧咸丰通宝。”[4] 对于太平军来说这些贸易与铜钱的使用与他们的主旨和初衷相违背了。为了改善这种局面，让其统治区保持自身经济贸易能够满足人民日常需要的情况下，太平天国对铸币有了一定的需要，开始尝试铸造自己的货币。

第二，太平军的组成主要以农民为主，对于大多数农民来说，他们日常接触到能体现自身价值和表示自身权位的东西就是铜钱。这种较为狭隘的人生观间接导致以农民为主体的太平天国统治者，认为拥有与自身起义名号相关的铜钱就意味着自己是被上天承认的、正义的，是“正统”的，这也是促使其铸造货币的一个原因。汪坤在其著述中提到：“江宁被破时，有贼拣取太平钱一枚献于洪逆，立赏伪职，遂令居民有献太平钱者，各给伪单贴门首，贼众即不打害。各处搜寻共得数百枚，众贼取红绳挂一枚于胸前，视若珍宝，供其夸耀。”[5] 拥有象征自身是“天命所归”的太平钱，对他们来说是对其所作所为最大的认可和鼓励，因此他们对于历史机缘巧合下生产的与“太平天国”相关的钱币，给予了高度的重视和认可。

第三，为了其基本纲领的实行以及和清廷抗战带来的军需消耗，太平军收罗来放

① 赵后振．太平天国钱币新考［M］．上海：上海科学技术出版社，2013：40.
② 吴士礼．太平天国天京观察记［M］．上海：商务印书馆，1935.
③ 赵后振．太平天国钱币新考［M］．上海：上海科学技术出版社，2013：42.
④ 赵后振．太平天国钱币新考［M］．上海：上海科学技术出版社，2013：42.
⑤ 陈达农．太平天国钱币考略［M］．北京：中共党史出版社，2009：39.

在圣库的钱财只出不进，需要有自己的货币来扭转这一情况。“圣库实存银两百六十三万两，钱三百三十五万五千串，每月发礼拜钱约二十万串”，如此下去，开炉铸钱、让拥有“政权标志”的钱币充实不断减少的圣库是太平天国定都后急需解决的事情。

二、太平天国钱币与清朝钱币的关系

（一）太平天国前期钱币（1851—1855 年）与清朝钱币的关系

太平天国前期铸造的钱币，没能被人们使用，也没能流通起来，成为堆积在仓库里没有任何作用的“死钱”，这是太平天国本身经济制度以及清廷对定都天京的太平天国实行围困导致的。清朝政府分别于天京郊区和扬州建立了江南、江北大营，并且对此投入了很大的财力、兵力。“窃惟部拨之款，以外省为来源；目前之急，以军需为最要。自广西用兵以来，迄经三载，经部臣奏拨军饷，及各省截留筹解，已至二千九百六十三万余两。”① 当时太平天国与“外面世界”进行贸易时，只要被清军查获使用的是“天国圣宝”，当事者即刻会被杀害。涤浮道人撰的《金陵杂记》中对相关内容有详细的描述：“贼之伪铸钱，职同伪总制，有正副。贼之铸钱，正面直书‘天国’二字，背直书‘圣宝’二字，铸有十余万，无人敢用。缘贼有伪例，私藏至十文者即有罪。如持赴城外买物，人亦不要，悉收于伪圣库也。”因此，刚开始铸造的十余万太平天国钱币没能被人们使用，一次也没有行使货币流通的基本职能。

咸丰四年（1854）年底，翼王石达开在安徽安庆的“安庆易制”取得了成效，经济规律和安庆改革的成效迫使这时天京执行的经济政策做出改变。在和清廷对战的时候，太平天国的铜钱（较多为“天国”背“圣宝”当十铜钱）随着军队进入湖南地区，在太平军主力驻湖南时可能得到了小范围的流通，不排除当时太平天国钱币和清廷钱币同时被使用的可能性。太平军与其钱币一起输入湖南地区，应该是为了更好地让人们认可太平天国钱币：一方面，认可钱币的同时也是对太平天国的认可，可以稳定军心；另一方面，为了推广太平天国钱币的使用，便于军队购买军需。《湖南省志》第十六卷《金融志》曾提到：“咸丰四年太平军西征进入湖南，‘太平天国圣宝’随军流行于湘沄、长沙、宁乡、湘阴、岳阳等地，至太平军主力撤出湖南即停止流通。”② 咸丰五年（1855）中旬，天京城内个体家庭和个体商业活动才逐渐恢复。此后，太平

---

① 中国人民银行总行参事室金融史料组．中国近代货币史资料：第一辑 清政府统治时期：上下册［M］．北京：中华书局，1964：175.

② 《湖南省志》编纂委员会．湖南省志：第十六卷［M］．长沙：湖南人民出版社，1995：29.

天国颁布了一系列条例及告示来鼓励和保护自由贸易，[①] 这时候太平天国钱币才逐渐流通起来，不再是堆积在仓库里的“死钱”。

由于与太平天国的对峙，这个时期滇铜难以到清政府手中。而清政府对军需的支出过于庞大，一时间面临前所未有的铜钱短缺现象，局势一天比一天严重。为了缓解钱荒，咸丰三年（1853）刑部尚书周祖培上奏：“军饷增多，帑金不足请拆铜房铜器铸大钱。”[②] 后允许铸造大钱。由于铜料不足，恭亲王奕訢欣等人建议咸丰皇帝把内务府成色不足的金钟熔化作为足金使用。咸丰四年（1854），户部请旨“以熔化金钟之金条拨发军饷”[③]，咸丰帝允许了。

（二）太平天国后期钱币（1856—1864 年）与清朝钱币的关系

咸丰六年（1856）以后，天京地区的贸易逐渐频繁，太平天国铸造的“天国圣宝”[④] 无法满足日益发展的市场需求，而清廷铸造的大钱由于其制作精美并且使用范围更广而受到百姓的喜爱，这一地区开始混合使用两种钱币。“当地人混用大清铜钱与太平天国钱，但人们还是喜欢用大清钱”，这一段材料从侧面可以看出，这个时候清朝的钱币还在天京地区流通且受到重视，为了满足人们的需求，太平天国统治阶级也效仿清廷铸造大钱和相关折值的钱币。[⑤] 不仅效仿，太平天国还想用其所造钱币取代清朝钱币。清朝封建统治者处处剥削人民，要用本少、量轻、质粗的铸钱来维持它濒临绝境的财政[⑥]。太平天国由于其出身原因，尽量满足人民的需求，铸造钱币不计成本，只求做工精美、量重、质佳、工良。

太平天国钱币一般的版式类型有：前期的“天国通宝”、“天国圣宝”、太平天国套子钱；后期在苏州地区有太平天国楷书套子钱、太平天国小平钱；后期苏南地区的太平天国隐起文套子钱；后期在浙江地区的“天国圣宝”背“圣宝”当五或小平钱、“天国圣宝”背“太平”小平钱、“太平天国”背竖“圣宝”小平钱、“太平天国”背“圣宝”系列和“稚书”系列。[⑦] 可以看出太平天国钱币的制作工艺不断完善，钱币制作精良（见图一、图二、图三）。

---

① 赵后振. 太平天国钱币新考［M］. 上海：上海科学技术出版社，2013：42.

② 中国人民银行总行参事室金融史料组. 中国近代货币史资料：第一辑 清政府统治时期：上下册［M］. 北京：中华书局，1964：200－201.

③ 中国人民银行总行参事室金融史料组. 中国近代货币史资料：第一辑 清政府统治时期：上下册［M］. 北京：中华书局，1964：180－185.

④ 从 1854 年秋铸造成功至 1864 年湘军攻入南京城，天国圣宝当十钱一直被使用，存世量较大。

⑤ 赵后振. 太平天国钱币新考［M］. 上海：上海科学技术出版社，2013：43.

⑥ 罗尔纲. 太平天国史：第二册［M］. 北京：中华书局，1991：131.

⑦ 赵后振. 太平天国钱币新考［M］. 上海：上海科学技术出版社，2013：36－91.

图一　天国通宝

（图片来源：赵后振. 太平天国钱币新考［M］. 上海：上海科学技术出版社，2013：44.）

图二　天国圣宝

（图片来源：赵后振. 太平天国钱币新考［M］. 上海：上海科学技术出版社，2013：49.）

图三　太平天国隐起文当五十

（图片来源：赵后振. 太平天国钱币新考［M］. 上海：上海科学技术出版社，2013：80.）

太平天国的钱币政策在一定程度上冲击了清廷的货币制度，是清廷大钱贬值的原因之一。从刚开始的“咸丰三年到四年（1853—1854），是清廷励行大钱迅速失败的时期，当千、当五百的大钱不得不立刻停止铸发且紧急地收回。当五十的大钱也无声无息地不再推行了”① 到“咸丰六年（1856）不得专用大钱”②，最直接的现象就是清朝大钱到咸丰末年的时候崩溃了。根据其铸造地点推测出太平天国钱币的流通区域（见表一）。

表一　1856—1864 年太平天国钱币流通情况表

时间	铸地	兵力控制范围	钱币量	流通区域
1860 年	嘉兴			嘉兴
1861 年	杭州、绍兴	湖南、湖北、四川、贵州、云南	杭州二十万③	杭州、绍兴、湖南、湖北、四川、贵州、云南
1862 年	安徽、苏州	湖州	江苏十万余钱④	安徽、苏州、湖州

资料来源：赵后振．太平天国钱币新考［M］．上海：上海科学技术出版社，2013.

根据表一可知，1856—1864 年，太平天国钱币流通范围主要集中在其统治范围的江浙一带。当然，太平天国后期，太平天国钱币在其统治范围以外的一些区域依旧流通，如苏锡常地区、浙江地区，甚至在湖北地区也有流通。李汝昭所著《镜山野史》载：“同治二年（1863）六月，我地贸易汉阳者归，归带太平天国钱号。想粤王坐江南，同治守幽、燕，俨然一国的钱文却远远地流通到清朝统治的湖北、湖南去。”其中，太平天国钱币在苏州铸造的小平钱流通最广，甚至在非太平天国统治地区也可以看见，如广东、河南、陕西、山西、山东等地。⑤

三、太平天国钱币命运和清廷的钱币政策

（一）太平天国钱币的贬值与天京陷落

钱币信誉度和价值的保障来自铸币政府的稳定，在同治元年（1862）后期，太平

① 杨端六．清代货币金融史稿［M］．北京：生活·读书·新知三联书店，1962：97.
② 杨端六．清代货币金融史稿［M］．北京：生活·读书·新知三联书店，1962：99.
③ 李秀成《自述》中记载了“再钱二十万千来杭州”。
④ 罗尔纲．增补本李秀成自述原稿注［M］．北京：中国社会科学出版社，1995：206.
⑤ 赵后振．太平天国钱币新考［M］．上海：上海科学技术出版社，2013：42.

天国颓势明显，兵败如山倒，太平天国钱币迅速贬值。贬值后的太平天国钱币无法再承担补给军需的责任，加上太平天国本身制度的缺陷，失败是必然的。同治元年（1862）6 月，洪秀全命令各地太平军回援天京，太平军集结 20 万兵力，10 月起大战湘军 40 多天，未能取胜，从此埋下了太平天国货币贬值的祸根。一旦广大百姓对这个政权产生怀疑，对这个政府钱币价值的信任度就会大大下降。

（二）太平天国失败与清廷钱币政策

同治三年（1864）7 月 19 日天京失守。7 月 29 日，突围至广德的幼天王洪天贵福被湖州太平军守将黄文金迎入，临时驻跸。8 月 28 日，黄文金、洪仁玕主动弃城突围。9 月 5 日，护送幼天王走宁国，遭清军截击，转走浙江昌化途中黄文金受伤而死。10 月，江西石城一役，太平军全军覆没。至此，这场农民战争以清廷的胜利，太平天国政权的失败而告终。

太平天国起义被镇压，清廷改革大钱，同治六年（1867）有人上谕：“前因铜斤缺乏，鼓铸当十大钱，原为一时之计，日久不无流弊。近来市廛行使，暗中折减，于国用民生，均有不便。惟欲规复原法，必须筹备制钱，京师自通行大钱以来，所有制钱大都运往外省，若欲鼓铸新钱，又非一二年所能骤变，户部议令滨临江海各省，筹解制钱，实为便捷之法。”① 这也是太平天国运动失败以后，太平天国钱币遭到清廷大量销毁的一大原因。一方面，清廷不容许另一个政权钱币的存留以防其动摇民心；另一方面，清廷铸币需要大量的铜料，将回收的太平天国钱币回炉可提炼铜料。这也导致了存世的太平天国钱币稀缺。

四、结语

总而言之，与清廷和太平天国政权之间的兴衰、对抗一样，其货币也处在一种“此消彼长”的关系中。中国钱币在古代是一个王朝权力的具体表现，太平天国铸造和发行的钱币也是太平天国政权统治的象征。而清廷也在太平天国时期努力保持清钱在社会中的地位与购买力，维持自己的权威和统治。

这场农民战争从钱币的角度可以分为三个阶段：第一，太平天国起义源于清廷钱币制度的缺陷。银贵钱贱，人民生活苦不堪言，为了有更好的生活，广大农民反抗清廷，建立了自己的政权，铸造了代表自身权力的货币。这是太平天国运动的开始。第

① 张廷玉，等. 清朝文献通考［M］. 杭州：浙江古籍出版社，1988.

二，太平天国通过制作精美的太平天国钱币，影响了清廷钱币的流通范围与使用，清廷开支巨大，加大剥削力度，清廷钱币制度处于崩溃边缘。这是太平天国运动的高潮。第三，太平天国由于自身政权岌岌可危影响了太平天国货币的价值，间接导致了自身的灭亡。清廷从大钱的崩溃中缓解过来，改革币制。这是太平天国运动的尾声。

（本文为广西钱币学会 2017—2018 年度学术课题学生研究项目结项成果）

清末广西铜元局设立裁撤时间小考

袁俊杰

（广西师范大学历史文化与旅游学院）

摘要：清光绪二十六年（1900）至宣统三年（1911），是清末铸造机制铜元时期，全国最多时有十六个省设局开铸铜元。后因铜元铸造泛滥、严重贬值，清政府下令裁撤合并一些地方省局。史载，广西铜元局于光绪三十一年（1905）在桂林成立，裁撤于光绪三十二年（1906），但具体设立、裁撤时间不详，本文从历史文献上考证广西铜元局设立和裁撤时间，认定广西铜元局始建于光绪三十一年（1905）二月十三日，裁撤时间不早于光绪三十二年（1906）九月初十日，存续时间约一年半之久。

关键词：清末；广西铜元局；设立裁撤时间

清末光绪二十六年（1900）始，全国各个省局纷纷开建新厂铸造机制铜元，铸行“光绪元宝”和“大清铜币”。其中广西省造“光绪元宝”当十铜元因其传世量极其稀少，历来被钱币界视为晚清机制铜币的大珍之一。关于广西省造“光绪元宝”当十铜元的真伪及其铸造地，已有不少泉家加以考证①②③，虽莫衷一是，但不论广西省造“光绪元宝”当十铜元是由国外铸造的样币还是由国内广东省局代铸的样币，广西铜元局确实奉旨成立过。本文拟从晚清至民国的一些历史文献中，考证广西铜元局设立和裁撤时间，并求教于各位方家。

一、广西铜元局设立时间

清末广西铜元局设立时间相较于沿江沿海省份较晚，从现有发表、出版的文献看，大概有如下几种记载：

---

① 杨进南．清末广西省造当十铜元考［J］．中国钱币，2014（6）：44－47.

② 施诚一．铜元大十珍之广西省造光绪元宝十文铜币［N］．中国文物报，2013－02－13（6）．

③ 孟国华．广西省造“光绪元宝”铜元考辨［J］．广西金融研究，2002（1）：29－32.

《中国钱币大辞典·清编铜元卷》："广西巡抚李经羲于光绪三十一年（1905）下令建铜元厂，购买机器，并委托外国试铸样币。"①

《中国铜元分类研究》："至于清代晚期的广西铜元，应从1905年巡抚李经义（羲）建厂局开始，可惜仅有样币存在，未见流通实物，因当时全国正是铸币高潮之时，偏处一隅的广西难以购到机器和铜料，故而仅存在外国代制之样币。"②

《中国当十铜元》："1905年清廷同意广西、云南、贵州三省设立铜元局。广西省似乎充分利用了这一机会，因为境内南宁、桂林（1905）和梧州（1920）三地建有新式造币厂，其中南宁厂似迟延数年，至1919年方开铸，但未几月便因桂粤冲突停铸，后于1921年关闭。"③

《中国铜元鉴赏》："光绪三十一年，广西巡抚李经羲奏请广西筹建铜元局，但当时正值铜元泛滥，且原料购买困难，未能制造。"④

《钱币》："光绪三十一年一月，广西巡抚李经羲奏准筹建铜元局。次年，广西铜元局未及开铸就被裁撤。传世有广西光绪十文铜元，旧传广东省代铸，应即样币。"⑤

施诚一先生在《铜元大十珍之广西省造光绪元宝十文铜币》一文中记述："广西巡抚李经曦（羲）于光绪三十一年（1905）一月奏请设立铜元厂，二月获得批准，但是到十月，清廷已发现全国铜元产量过剩，认为有加以节制的必要，遂令各省停铸'光绪元宝'，一律改铸'大清铜币'，并通令尚未设厂之省份，如山西和陕西，毋庸设厂，所需铜元由户部发给，尚未开铸的贵州则由四川协发。"⑥

通过以上文献，我们不难得出以下判断：

（1）由段洪刚先生编著的《中国钱币大辞典·清编铜元卷》和《中国铜元分类研究》都指出：广西巡抚李经羲于光绪三十一年（1905）下令建铜元厂。美籍犹太人伍德华先生的《中国当十铜元》也指出：广西省局于1905年在桂林建厂。而台湾钱币学家郑仁杰先生在《中国铜元鉴赏》中记载：光绪三十一年（1905），广西巡抚李经羲奏请广西筹建铜元局。可见不论中外学者都认定广西铜元局设立于清光绪三十一年（1905）。

（2）在钱屿和钱律两位先生合著的《钱币》中，广西筹建铜元局的时间被细化到光绪三十一年（1905）一月。而台湾钱币收藏家施诚一先生在《铜元大十珍之广西省

---

① 中国钱币大辞典编纂委员会．中国钱币大辞典·清编铜元卷［M］．北京：中华书局，2008：314－315.

② 段洪刚．中国铜元分类研究：上［M］．北京：中华书局，2006：303.

③ 伍德华．中国当十铜元［M］．钱屿，钱律编译．上海：上海人民出版社，2002：149.

④ 郑仁杰．中国铜元鉴赏［M］．台中：采石积图书公司，1997：155.

⑤ 钱屿，钱律．钱币［M］．贵阳：贵州人民出版社，1998：125.

⑥ 施诚一．铜元大十珍之广西省造光绪元宝十文铜币［N］．中国文物报，2013－02－13（6）．

造光绪元宝十文铜币》一文中更进一步阐明：广西巡抚李经曦（羲）于光绪三十一年（1905）一月奏请设立铜元厂，二月获得批准。由此，我们可以得出广西铜元局应为时任广西巡抚李经羲于1905年1月奏请清廷筹建，至是年2月方获批建立。这是目前已发表文献中可查证的最精确的广西铜元局设厂时间。

广西铜元局究竟设厂于何时？有没有更精确的时间节点？笔者查阅了大量文献后，在章宗元先生1915年编著的《中国泉币沿革》一书的第四章“铸钱造币局厂沿革”中找到如下记述[1]：“广东钱局于光绪十三年开办，……二十六年始铸铜元。同年，闽都奏明就银元局所有机器仿照广东办法铸用当十紫铜钱。自二十七年明谕各省仿办之后，至二十九年七月初一日，户部议复御史徐堉请铸铜元折内称，迭经江南、吉林、安徽、浙江、江西、湖北等省先后奏报设局开铸，直隶现亦仿办等语。三十年四月二十日，户部奏准漕督在清江设局试铸铜元；七月十九日，又奏准福州将军在船厂试铸铜元；九月二十七日，又奏准豫抚在汴设局开铸铜元，并称前因各省钱荒，广东创铸铜元，福建、江苏继之，安徽、江宁、吉林、浙江、江西、湖北、山东、奉天、湖南等省，北洋、清江、福州等处陆续奏报仿办，现计已有十五局之多。三十一年二月十三日又奏准桂抚在省城设局开铸铜元；五月初四日，又奏准滇厂开铸当十铜元，同日奏准黔抚在省城设局开铸铜元……”从这段记述中，我们可以明确得知广西铜元局准确的创建时间应为光绪三十一年（1905）二月十三日，这与台湾钱币学者施诚一先生所述光绪三十一年二月的建厂时间完全一致，并更进一步，应该是迄今最为准确的广西铜元局创立时间。

二、广西铜元局裁撤时间

前文所述，从光绪二十七年（1901）开始，各省争相建厂，至光绪三十二年（1906），全国除了山西和陕西之外已有十六省开铸铜元，设局多达二十四处[2]。它们分别是：直隶、奉天、吉林、山东、河南、安徽、江西、四川、广东、广西、云南各一个局，浙江两个局，湖北三个局，湖南两个局，江南和福建各三个局，总计二十四个局。因各省铸造过滥，且流通阻碍，致使价格暴跌。有数据显示，各省所铸铜元总额由光绪三十年（1904）的十六亿九千三百七十万枚猛增至光绪三十一年（1905）的七

---

① 章宗元．中国泉币沿革［M］．北京：经济学会，1915：31－32．

② 魏建猷．中国近代货币史［M］．上海：群联出版社，1955：141－142．

十五亿枚①。面对此乱象，清政府决心整顿，并采取了以下几点措施②：①成立户部造币总厂，统一铸造，以期收回各省铸造权并使铜元整齐划一，将各省铜元局合并，改为户部分厂；②颁布《整顿圜法章程》十条，严格限定铜元成色重量，规定各种铜元的铸造成数，限定流通数量，禁止倾销牟利；③议定《补救铜元办法》八项，禁止大宗贩运，限制鼓铸数目，禁购铜饼，购买铜斤要先上报核定，官民绅商一律行用，行旅随身携带铜元不超过两千枚不予查禁，市面流通不分省界，铜元多少设法匀拨等。清政府政令虽好，但因清末政令疏怠已久，各省阳奉阴违，加之铜元制度本身设计上的缺陷，这些改革举措并未达到清政府之预期。

正是在此大背景下，清政府首先做的就是裁撤归并地方省局，于是从光绪三十二年（1906）开始谕令裁撤全国各省的铜元局。关于广西铜元局裁撤归并的时间，目前从已知文献上看有以下几种记述：

章宗元先生在《中国泉币沿革》中写道："（光绪）三十二年七月二十九日，财政处户部奏现在铸造铜币多至十六省，亟应规合全局量为规并；除户部所设总厂外，以山东归并直隶为一厂，湖南归并湖北为一厂，江西、安徽、江苏、清江归并为一厂，浙江归并福建为一厂，广西归并广东为一厂，合奉天、河南、四川、云南四厂，共九处皆归财政处户部统辖，并请派大臣前往各省考查办理，同日得旨派陈璧前往，嗣经该大臣覆奏，胪陈归并办法，并分派部员充各厂会办，均得旨依议。"③

台湾郑仁杰在《中国铜元鉴赏》中记述："光绪三十二年七月，清财政处户部会奏请将铸造铜元局厂归并的奏折中有写广西归并广东为一厂，由此可知广西省虽未及铸造铜币，但其造币厂已有些规模。"④

笔者查阅了民国北洋政府财政部泉币司出版的《币制汇编》一书，该书在第五编"造币局厂沿革案"中完整收录了清朝《财政处户部会奏请将铸造铜元局厂酌量归并折》。经查，章宗元先生和郑仁杰先生书中所述均摘录于此奏折，该奏折为时任钦差大臣户部侍郎陈璧上书的条陈，里面详尽记载了各地督抚对清廷裁撤归并钱局的意见⑤："折中特别提及继任广西巡抚林绍年对清廷裁撤予以大力支持，并言曰'圜法重在便民，取足民用而止官民收发，公其出入数'等数语；折中明确指出中国幅员广阔不能仅设中央一厂，应从地理毗邻、市场广狭以及民间需用多少等因素规合全局进行归

① 耿爱德. 中国货币论［M］. 蔡受百，译. 北京：商务印书馆，1929：392.

② 魏建猷. 中国近代货币史［M］. 上海：群联出版社，1955：141－142.

③ 章宗元. 中国泉币沿革［M］. 北京：经济学会，1915：31－32.

④ 郑仁杰. 中国铜元鉴赏［M］. 台中：采石积图书公司，1997：156.

⑤ 陈璧. 财政处户部会奏请将铸造铜元局厂酌量归并折［M］//民国北洋政府财政部泉币司. 币制汇编（第五编），年份不详：171－178.

并；……此外，折中还将归并后机器耗材处置及管理人员配置做了规划说明。”此折落款为光绪三十二年（1906）七月二十九日，亦即陈璧奏折落款日。由此审之，光绪三十二年（1906）七月二十九日应是清廷官方下达的广西铜元局裁撤的日子，但一个局厂搬迁机器物料尚需时日，不可能一蹴而就。

笔者进一步查阅了陈璧光绪三十二年（1906）九月初十日上书清廷的《财政处户部会奏归并各省铜币局厂续拟办法折》，该折进一步做了四条细化指导方案[①]：①对裁撤后局厂会办（职务名）委用和职责做了说明；②派专人对裁并局厂机器设备进行核验，对剩余原料进行清点，作为核算归并新厂份额的依据，并责成原局厂自行清理合并之前的债务问题；③对各个局厂之前铸币盈余进行核算，对厂中分红进行明细；④规范各个省局厂原料购买流程，一律上报财政处户部报备批复。最后，折中还指出：“……将来归并接收以后，仍应由各省督抚就近督饬稽查，以资整顿，并请旨饬下各督抚一并遵照办理……”可以看出，折中对各省局归并时可能遇到的问题进行了细化说明，折子最后的“将来归并接收以后”，说明至少在是年（1906）九月初十日，各个被裁撤归并的省局（包括广西局在内）或尚未进行拆迁，或已在进行清点搬迁中，因此，笔者认为广西铜元局的裁撤时间最早为光绪三十二年（1906）九月初十日。这是迄今为止所能够从文献中考证的裁撤时间节点。

三、结语

晚清的机制铜元是一种伴随机制银币产生和旧式制钱制度衰亡而产生的新的货币形式，它仿效西方无孔铜币，作为银本位货币的辅币而存在，并于宣统年间统一形成新“大清铜币”的固定铜元体制。尽管广西省在清末铜元铸币高潮时因政治、经济和地理等因素错失良机，但广西铜元局及广西省造“光绪元宝”当十铜元是中国近代货币史上不可或缺的一页。本文从清末至民初的文献记述中对广西铜元局设立裁撤时间的考证，认定广西铜元局始建于光绪三十一年（1905）二月十三日，裁撤时间不早于光绪三十二年（1906）九月初十日，存续时间约一年半之久，这应是对清末广西钱币史研究的一点细化。

（本文为广西钱币学会2017—2018年度学术课题重点研究项目结项成果）

---

① 陈璧．财政处户部会奏归并各省铜币局厂续拟办法折［M］//民国北洋政府财政部泉币司．币制汇编（第五编），年份不详：179－181.

民国广西自治军时期货币研究

周俏梅　冯梅菁

（广西钱币学会）

摘要：自清晚期开始，传统币制逐渐走向混乱与衰落，尤其进入民国以后，混乱进一步加剧，出现了中国货币金融史上绝无仅有的复杂局面，其中以广西、广东、山西、东北等地区最为突出。这一阶段，地方政权更迭频繁，金融体系空前紊乱。广西在民国十年至民国十三年（1921—1924）自治军时期，出现多股军事势力相互割据，是当时地方货币发行最为纷杂的区域之一。民国广西自治军时期区域性货币金融体系的形成和地方货币的发行，究其根源，是中央政权式微的必然结果，也是在特定时期政治、经济、军事等多种因素共同作用的结果。

关键词：自治军；地方货币；区域性货币金融体系

民国时期，中央政权式微，地方割据情况加剧，广西地处西南边陲，却受其影响颇深。货币的发行应是民生经济发展的内在需求，但自治军时期各派军政势力纷纷插手广西地区的金融经济，随意发行，毫无节制，导致地方货币机构和钞票种类繁多，金融货币市场呈现乱象空前的情况。目前学术界关于民国广西自治军时期的货币研究和著述成果较为缺乏，虽有涉及，也较为零散和简单。因此，我们选取研究力度较为薄弱的自治军时期货币发行情况进行分析和研究，并结合文献记载和货币实物进行系统梳理，以期弥补不足。

一、民国时期广西自治军形成与货币发行基本状况

（一）自治军形成原因

民国十年（1921）六月，旧桂系陆荣廷政权勾结北洋直系军阀，出兵潮汕欲消灭广州国民政府孙中山所辖之粤军，孙中山组粤、滇、黔、赣联军准备讨伐旧桂系，第二次粤桂战争由此爆发。双方交战数月，桂军溃败退回广西，孙中山遂派粤军陈炯明

部挥师讨伐桂系陆荣廷、岑春煊。桂军刘震寰、韦荣昌不战而降，沈鸿英退往桂林地区宣布独立。陆荣廷并不甘心在广东的失败，遂接受北京政府委任的粤桂边防军务督办一职，率军攻粤，以孙中山为首的广州革命政府发动“援桂讨陆”战争，“旧桂系军阀集团在广东客军压境的形势下，内部分裂，互相火并”①，陆荣廷一时内忧外患，被迫通电下野，离开广西，结束了旧桂系在广西的10年统治。陈炯明粤军随即控制广西境内大部分地区，而旧桂系残部则收缩至广西山区及偏僻地区。不久之后，陈炯明因与孙中山北伐主张相左而辞职，“民国十一年春，一部分北伐军且已进入湖南边境。然此时一则因孙、陈的主张相左益甚，陈氏不但不支援北伐，并百计阻挠其实现”②，由此粤军退出广西，旧桂系残部无力掌控全局，各地军事势力纷纷以自治军名义抢占地盘，广西进入四分五裂、各自为政的混乱时期。“所以孙、陈失和，以及国民党的内讧，实是两广政局转变的一大关键”③。

旧桂系崩溃，陈炯明粤军撤回广东后，旧桂系残部打着“自治军”的旗帜占地割据，广西陷入混乱局面。“孙中山发动的‘援桂讨陆’战争瓦解了旧桂系陆荣廷的政权，却没有能够彻底肃清旧桂系的军事力量”④，一时间，各式各样的“自治军”风起云涌，遍布全省各地。“所谓自治军，其意是驱逐外省军队占领，广西由广西军队自治，借此收买人心。从民国十年至民国十三年，广西处于无政府状态，人们称为‘自治军’时期”⑤。

（二）自治军时期货币发行基本状况

“军事冲突导致了政治危机，政治危机又助长了经济危机。”⑥ 在广西进入自治军时期后，掌握货币发行大权的广西省长一职成为各方势力争夺的对象，马君武由孙中山任命为广西省长，蒙仁潜占领南宁后自封广西省长，张其锽由北洋政府任命为广西省长，原广西政务厅长杨愿公自任代理省长，岑春煊由广西议会选举为省长，“同一时期出现了几个省长，致使金融货币更是纷乱异常，各种钞票、军用票充斥市场”⑦。为巩

① 中国人民政治协商会议广西壮族自治区委员会文史资料研究委员会. 李宗仁回忆录［M］. 内部发行，1980：166.

② 中国人民政治协商会议广西壮族自治区委员会文史资料研究委员会. 李宗仁回忆录［M］. 内部发行，1980：166.

③ 中国人民政治协商会议广西壮族自治区委员会文史资料研究委员会. 李宗仁回忆录［M］. 内部发行，1980：167.

④ 钟文典. 广西通史：第三卷［M］. 南宁：广西人民出版社，1999：33.

⑤ 《广西金融志》编纂委员会. 广西金融志［M］. 内部发行，1992：81.

⑥ 郑家度. 广西近百年货币史［M］. 南宁：广西人民出版社，1981：81.

⑦ 《梧州市金融志》编纂委员会. 梧州市金融志：上篇［M］. 内部发行，1991：35－36.

固势力，各派军事力量纷纷自封总司令：林俊廷随蒙仁潜进占南宁后自封广西自治军总司令，梁华堂占据桂林后自封公民自治军总司令，沈鸿英占领桂东北大部分地区后自封广西临时总司令，或借助银行或私印私发货币，因此，广西一度形成了数个封闭独立的经济区域，各区域均建立了独立的货币发行体系，广西也因此形成了极其复杂混乱的金融市场。

这一时期，各派系通过滥发“通用券”“军用票”，强迫人民使用，掠夺人民财产，老百姓苦不堪言。据不完全统计，“1921 年至 1923 年间，粤军、桂军、民军发出的不兑现纸币，总计在 3 000 万元以上。按当时全省人口平均，每人摊派将近四元”①。

二、民国广西自治军时期货币类别

民国时期的广西，从旧桂系到新桂系都发行过数额大、品种多的钞票，但是，最繁多、最复杂的属自治军时期，这一时期在广西印制、发行和流通的货币可分为两大类：一类为广西省外军政势力印发，一类为广西本地军政势力印发。

（一）粤军与孙中山在广西发行的钞票

陈炯明率粤军进驻广西后，强推粤币，粤币在广西发行的数额，据民国十一年（1922）十二月，广西国会议员罗增麒等向北洋政府的呈文中所说：“陈炯明侵桂时，强迫行使广东纸币，亦不下千万。”②

1. 两广通用券

民国十年（1921）六月，“陈炯明粤军占领梧州时，广西银行纸币立即变成废纸，粤军便将其所带广东银行兑换券在梧州发行。为了解除发行中的疑虑，陈炯明要求广东省银行在券面加盖‘两广通用’等字样，这种通用券成了粤军在广西时期军政费用的部分来源”③。两广通用券是粤军将民国七年（1918）版的广东银行兑换券正面加盖印文“桂省发行，两广通用，丁粮厘税，均准完纳”；券面中上横额印“广东省银行兑换券”。目前只发现面额一元券（图一），粤军撤离广西后，该券在广西也基本停止了流通。

---

① 郑家度. 广西近百年货币史［M］. 南宁：广西人民出版社，1981：98.

② 《广西金融志》编纂委员会. 广西金融志［M］. 内部发行，1992：82.

③ 龙刚家，张世铨. 广西历史货币［M］. 南宁：广西人民出版社，1998：120.

图一　民国七年广东省银行兑换券一元纸币

（图片来源：龙刚家，张世铨．广西历史货币［M］．南宁：广西人民出版社，1998：267.）

2. 滇黔赣援桂联军兑换券

民国十年（1921）七月，孙中山任命李烈钧为滇黔赣援桂联军总司令，率军击溃沈鸿英部，李占据桂林时发行滇黔赣援桂联军兑换券。按兑换券背面布告所言，面额有一角、二角、五角、一元、五元等五种，但目前仅发现一元和五元两种。券正面上下方印“兑换券”“伪造必究”，左右各直行“在本军管辖地完粮纳税一律通用”“滇黔赣援桂联军总司令部随营银行发行”，背面为“滇黔赣援桂联军总司令部布告”，并盖“参谋长印”黑色方印（图二）。此券使用范围仅限于军旅路线，发行使用时间也极短，只有两个月左右。

图二　民国十年滇黔赣援桂联军兑换券五元纸币

（图片来源：桂林钱币学会．广西历史货币图集［M］．桂林：广西师范大学出版社，2003：60.）

3. 国立中华国民银行券

民国十年（1921）十二月，粤军占领桂林后，孙中山在此设立北伐大本营，为筹措军费，令广州国立中华国民银行来桂林和梧州设立分行，发行国立中华国民银行券，面额有一角、二角、五角、一元、五元、十元六种。一元正面印为“孙大总统肖像”

字样和图案，以及“中华民国十年印”“行长梁长海”字样（图三至图六）。“直到次年 5 月，大本营迁离桂林止，计中华国民银行纸币在广西发行额达 360 余万元”。①

图三　民国十年国立中华国民银行券一角纸币

图四　民国十年国立中华国民银行券一元纸币

图五　民国十年国立中华国民银行券五元纸币

图六　民国十年国立中华国民银行券十元纸币

（图三至图六图片来源：桂林钱币学会. 广西历史货币图集［M］. 桂林：广西师范大学出版社，2003：61－63.）

① 《广西金融志》编纂委员会. 广西金融志［M］. 内部发行，1992：82.

4. 各种加盖券

民国十年（1921），陈炯明率粤军进占广西，遂在粤军控制地区采用旧桂系钞票加盖当地印章，在本地区发行和使用。《广西历史货币》对各种加盖券已做详细描述，在此不做赘述，现将《广西历史货币》收录的版式附表如下，表一虽然统计不全，但从表中可看出加盖券之多：

表一　广西银行纸币加盖券登记表

编号	票种	票面地名	票面纪年	票面加盖印文	票背加盖印文
加01	五角	梧州	民国七年	桂林总商会	
加02	五角	梧州	民国十年	龙州总商会	
加03	五角	梧州	民国十年	玉林县商会印	玉林县印
加04	五角	梧州	民国十年	上思县商会图章	上思县印
加05	五角	梧州	民国十年	靖西商会图记	
加06	五角	梧州	民国十年	太平商会	
加07	五角	梧州	民国十年	思乐商会	
加08	五角	梧州	民国十年	横县商会	
加09	一元	龙州	民国元年	梧州总商会	
加10	一元	梧州	民国元年	桂林总商会	
加11	一元	桂林	民国元年	桂林总商会	
加12	一元	梧州	民国元年	梧州总商会	
加13	一元	龙州	民国元年	桂林总商会	
加14	一元	梧州	民国元年	柳州总商会审查	
加15	一元	柳州	民国元年	桂林总商会	
加16	一元	玉林	民国元年	桂林总商会	
加17	一元	梧州	民国元年	南宁总商会章	
加18	一元	龙州	民国元年	扶南县商会	
加19	一元	梧州	民国元年	博白商会	
加20	一元	桂林	民国元年	昭平商会	
加21	一元	梧州	民国元年	南宁总商会章	邕宁县印
加22	一元	梧州	民国元年	思林县商会章	思林县印
加23	一元	桂林	民国元年	南宁总商会章 龙胜县印	

（续上表）

编号	票种	票面地名	票面纪年	票面加盖印文	票背加盖印文
加 24	五元	桂林	民国元年	南宁总商会章	
加 25	五元	南宁	民国元年	南宁总商会章	邕宁县印
加 26	五元	桂林	民国元年	梧州总商会	龙州县印
加 27	五元	梧州	民国元年	南宁总商会章	邕宁县印
加 28	五元	南宁	民国元年	南宁总商会章 梧州总商会	邕宁县印
加 29	五元	南宁	民国元年	平南县商会审查	
加 30	五元	南宁	民国元年	靖西商会图记	靖西县印
加 31	五角	桂林	民国四年	横县县自治会审讫	
加 32	五角	桂林	民国四年	横县城区自治会审讫	
加 33	五角	梧州	民国十年	镇边县自治会	镇边县印
加 34	一元	龙州	民国元年	贵县县自治会审讫	
加 35	五角	梧州	民国七年	上林县议事会关防	
加 36	一元	南宁	民国元年	陆川县议参会钤记	陆川县印
加 37	一元	梧州	民国元年	岑溪议参事会	岑溪县印
加 38	五角	桂林	民国十年		广西财政厅印 苍梧县印
加 39	五角	梧州	民国十年		宾阳县印
加 40	五角	梧州	民国十年	宾阳县审查纸票图章	
加 41	一元	梧州	民国元年	蒙山县审查印	
加 42	一元	梧州	民国元年		桂平县印
加 43	一元	梧州	民国元年	县审查章	藤州县印
加 44	一元	柳州	民国元年	承德堂徐	
加 45	五元	梧州	民国元年		龙州县印
加 46	五元	桂林	民国元年	凭祥专署之章	

资料来源：龙刚家，张世铨．广西历史货币［M］．南宁：广西人民出版社，1998：121－123.

（二）广西军政势力发行的军用票、银行券、机制币

1．广西军用钞票

民国十年（1921）八月，马君武就任广西省长，与财政厅长吕一夔着手筹建广西

省立银行，为应急，于民国十一年（1922）五月先发行广西军用钞票 30 万元，面额有五角、一元（图七）两种。由正联和存根组成，正面写明钞票用途，并有“民国十一年五月发行”“定额三十万元”“省长马君武　财政厅长吕一夔”等字样，背面盖有“广西财政厅”朱红大印，票式为直立式。这批军用票印发之时正值粤军陈炯明部撤桂前夕，因此充当了陈部撤离的军费。

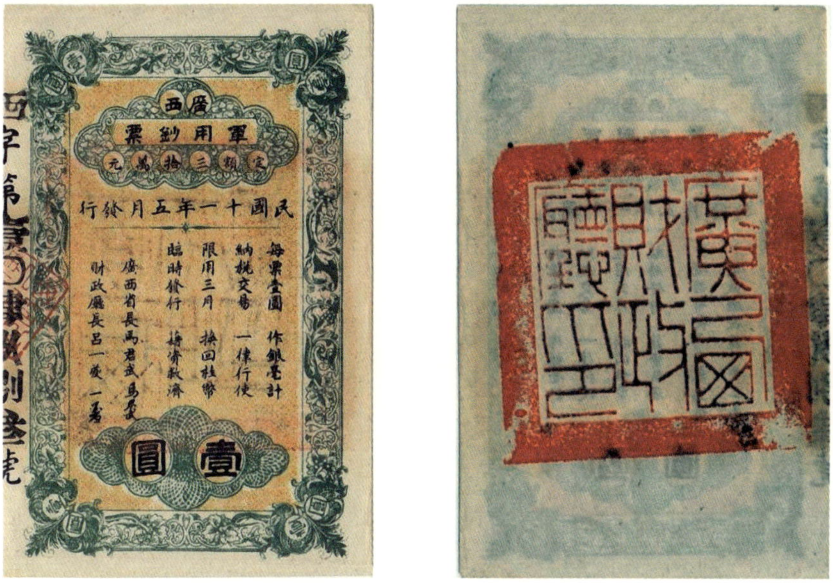

图七　民国十一年广西军用钞票一元纸币

（图片来源：龙刚家，张世铨．广西历史货币［M］．南宁：广西人民出版社，1998：276）

2. *广西定期有利省库券*

民国十一年（1922），马君武为筹建广西省立银行而印制的定期有利省库券，面额有五元、十元两种，由正联和存根组成，五元券实物目前尚未发现，十元券正面印有横行“广西定期有利省库券十元一年期”字样，竖行“广西定期有利省库券规则”十二条、“中华民国十一年　月　日”“省长马君武　财政厅长吕一夔　该券所有人”等字样，正面图案为棕色底花框墨字，背面空白，票式为直立式。省库券与广西军用钞票同时印制，却未能填发流通，原因在于广西军用票面额小，只有五角和一元，且发行总额少，总额不超过 35 万元，而省库券面额大，为五元和十元，且发行总额高达 200 万元，“这在政局动荡、民众贫困、人口不足十万的南宁，几乎可以视为一个巨大的天文数字”①。因此，在以实行小洋为本位制的广西印发大面额钞票，注定难以流通。

3. 广西临时军用票

民国十一年（1922）十一月，沈鸿英自称救桂军总司令，并以协威将军头衔，在柳州印制发行广西临时军用票。其面额有一仙（铜元票）、一角、二角、五角、一元、五元和十元七种（图八至图十四），正面盖有一个或两个“沈鸿英”方形朱印，一角、二角和五角背面印有“协威将军沈布告”，一仙、一元、五元和十元印有“广西临时军用票”条例直行文字，十元背面盖有“协威将军”方形朱印。这批军用票没有使用银行名义印发，而是以沈鸿英个人名义印发的。

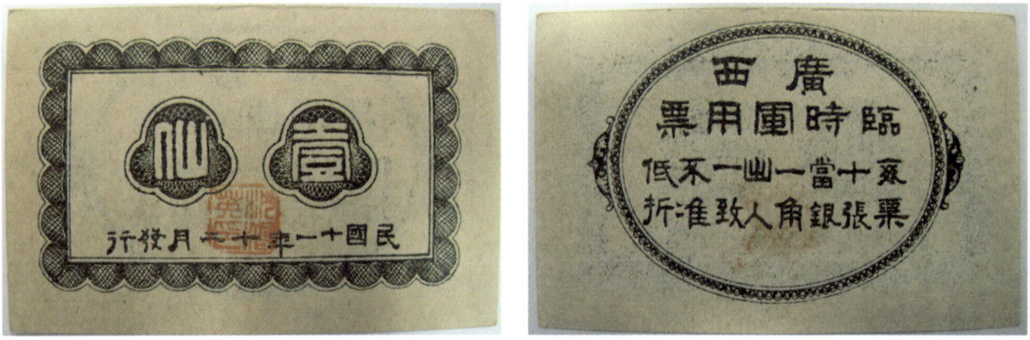

图八　民国十一年广西临时军用票一仙纸币

（图片来源：桂林钱币学会．广西历史货币图集［M］．桂林：广西师范大学出版社，2003：73.）

图九　民国十一年广西临时军用票一角纸币

① 孟国华．马君武和他印制的“广西军用钞票”及广西定期有利省库券［J］．广西金融研究，2002（1）：44.

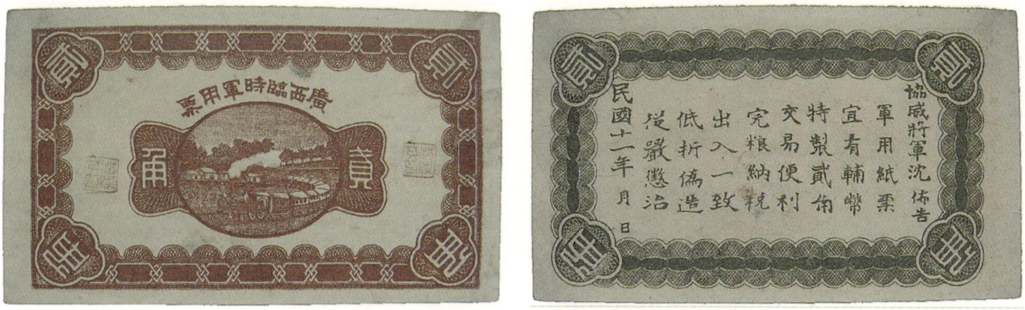

图十　民国十一年广西临时军用票二角纸币

图十一　民国十一年广西临时军用票五角纸币

图十二　民国十一年广西临时军用票一元纸币

图十三　民国十一年广西临时军用票五元纸币

图十四　民国十一年广西临时军用票十元纸币

（图九至图十四图片来源：广西钱币博物馆馆藏）

同年，沈鸿英还在柳州印发了铜元券，《广西近百年货币史》和《中国近代纸币》对此均有记载：“同年在柳州除发行面额 1 元军用券外，还印发铜元券，面额有 10 枚、20 枚、50 枚、100 枚等 4 种”①，“沈鸿英也在柳州、南宁发行过 1 元和铜元 10 枚、20 枚、50 枚、100 枚铜元票”②。2017 年 9 月，在广西临桂五通发现一张面值 20 枚的广西临时军用铜元券（图十五），证明了沈鸿英在柳州印发铜元券的史实，该券正面上方印“广西临时军用铜元券”，中心为“铜元贰拾枚”，与临时军用票一样在下部盖有“沈鸿英印”朱印，背面印有“广西临时军用铜元券条例”，并加盖“协威将军”黑色方印，这点与临时军用票加盖朱印不同。

① 郑家度. 广西近百年货币史［M］. 南宁：广西人民出版社，1981：96.

② 戴建兵. 中国近代纸币［M］. 北京：中国金融出版社，1993：385.

图十五　民国十一年广西临时军用铜元券二十枚纸币

（图片来源：桂林钱币学会）

4. 广西边防票

民国十一年（1922），陆荣廷被北洋政府任命为广西边防军务督办，并在龙州正式就职后，由财政部印刷广西边防票，面额有一元和五元、发行地有龙州和南宁，共四种（图十六至图十九）。票面特点：正面上方印有“广西银行”，下方印有“每元作十毫完纳本省钱粮及各项公款等一律通用”“中华民国”“十年发行”及发行地字样，背面印有“广西边防督办陆荣廷布告”并加盖“督办广西边防军务”红色方印。

图十六　民国十年广西边防票龙州一元纸币

图十七　民国十年广西边防票南宁一元纸币

图十八　民国十年广西边防票龙州五元纸币

图十九　民国十年广西边防票南宁五元纸币

（图十六至图十九图片来源：广西钱币博物馆馆藏）

此票最大的特点是修改钞票印制时间、加盖“督办广西边防军务”朱印以及两个发行地点。陆荣廷在民国十年（1921）就被北洋政府任命为广西边防督办，但因职位小于原来的两广巡阅使便未就职，后半年时间内陆荣廷政权垮台，至民国十一年（1922），陆荣廷东山再起重新掌权，在龙州通电正式就任广西边防督办。为表示自己早已在民国十年（1921）归顺北洋政府，将加盖“督办广西边防军务”钞票的印制时间修改，提前至民国十年（1921），以取悦北洋政府，同时以通电就任的地点——龙州作为边防票的第一个发行地。后进驻南宁，便将南宁作为边防票的主要发行地。

5. 广西银行通用券

民国十一年（1922）五月，蒙仁潜、陆云高分别自任广西省长和广西财政厅长，林俊廷自封总司令，共发行 100 万元广西银行通用券，面额有一毫、五角和一元三种（图二十至图二十四）。其正面左右印有“财政厅长陆”“广西省长蒙”字样，一毫券背面横行文字为“广西总司令林示”告示，五角背面、一元券印有“广西银行通用券条例”，其直行文字为“广西总司令林布告”。

图二十　民国十一年广西银行通用券一毫纸币

（图片来源：龙刚家，张世铨．广西历史货币［M］．南宁：广西人民出版社，1998：277.）

图二十一　民国十一年广西银行通用券五角纸币

（图片来源：桂林钱币学会．广西历史货币图集［M］．桂林：广西师范大学出版社，2003：65.）

图二十二　民国十一年广西银行通用券一元纸币

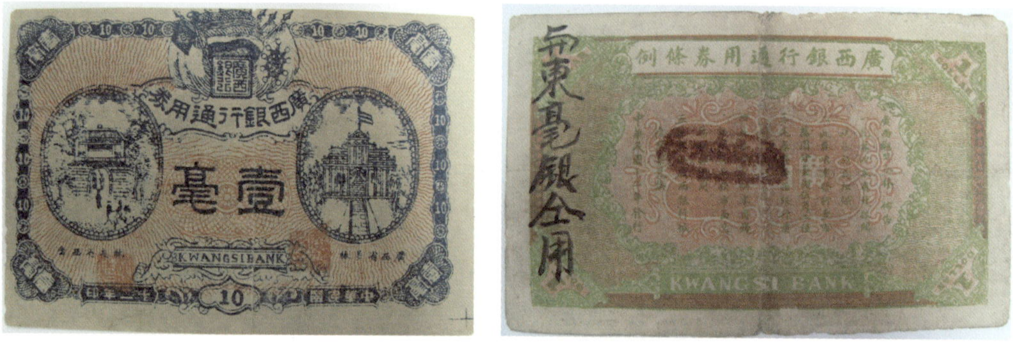

图二十三　民国十二年广西银行通用券一毫纸币

图二十四　民国十二年广西银行通用券一元纸币

（图二十二至图二十四图片来源：广西钱币博物馆馆藏）

民国十二年（1923）二月，蒙仁潜卸任省长，北京政府任命林俊廷为广西总司令兼省长时发行广西银行通用券。面额目前发现有一毫（图二十三）和一元（图二十四）两种。样式与蒙仁潜印发的广西银行通用券大致相同，只是票面时间改为“民国十二年”，“广西省长蒙”改为“广西省长林”，但此版通用券相较民国十一年（1922）版通用券，纸质较差，图案和文字均不清晰。

6. 桂林地方银行券

民国十一年（1922）五月，地方豪强梁华堂自封公民自治军总司令，在桂林自行设立“桂林地方银行”，共发行300余万元纸币。其面额有一元和二元两种，正面印有“桂林地方银行”字样，左右各盖有“桂林总商会印”和“桂林县议参事会印”朱印，一元正面图案为桂林名景象鼻山，背面印有“桂林公民自治总司令布告”（图二十五）。此券使用桂林本地生产的劣质土纸印刷，并用手工填写旧式商用计数符号。

图二十五　民国十一年桂林地方银行二元纸币

（图片来源：广西钱币博物馆馆藏）

7. 桂林广西银行券

民国十一年（1922），沈鸿英自封广西临时总司令，并利用梁华堂印钞设备，以广西银行名义在桂林印发，面额有一毫、五角、一元、二元和五元五种（图二十六至图二十九），但至今尚未发现五角券。该券正面除一毫券外左右均盖有“广西银行”“总经理印”方形朱印，背面印有“广西临时总司令部布告”直行文字告示，并盖有“广西银行”椭圆朱印。

图二十六　民国十一年桂林广西银行一毫纸币

（图片来源：个人收藏）

图二十七　民国十一年桂林广西银行一元纸币

图二十八　民国十一年桂林广西银行二元纸币

图二十九　民国十一年桂林广西银行五元纸币

（图二十七至图二十九图片来源：广西钱币博物馆馆藏）

8. 广西省银行券

民国十二年（1923），张其锽就任广西省长，其前后在北京财政部印刷局所印广西省银行券共计300万元，面额有一角、二角、五角、一元、五元、十元共六种。该券正面上方印有“广西省银行”，下方印有“中华民国 十一年印”，背面上方英文为“THE BANK OF KWANGSI PROVINCE”，一元券和五元券的下方还有英文承诺“广西省银行券，可以凭票兑换现银”。中文和英文均增加一个“省”字，以区别旧桂系时期的广西银行券。

张其锽任职期间由于滥发纸币，导致纸币低折。“张其锽在致北京北洋政府的报告中，申述当时广西银行纸币每元只值现银5分或铜元6枚”①，“纸币每元行使价值不到1分，随即成为一文不值的废纸”②。

9. 广西机制币

自治军时期，机制币主要为银毫和镍币，具体数目尚未查证，实物发现也较少，除了广西本地军政势力以银行名义铸造外，还有粤军、滇军进占广西时随军带入，再有就是广西豪绅设厂私铸。这一时期，劣银、伪造充斥市场，拒用风潮愈演愈烈，造成金融紊乱，流通困难，“至民国十三年（1924）发生银潮，劣银尽成废铁。省当局乃尽数收回，交梧州造币厂改铸嘉禾新毫，自此本省银币始告统一”③。

（1）银毫。广西所用银毫，多从广东输入或向广东造币厂搭铸。旧桂系时期，多为向广东搭铸，自民国八年（1919）开始自铸银毫，为与广东省造东毫区别，故把广

① 《南宁市金融志》编纂委员会. 南宁市金融志［M］. 南宁：广西人民出版社，1995：13.

② 郑家度. 广西金融史稿：上［M］. 南宁：广西民族出版社，1984：199.

③ 《南宁地区金融志》编纂委员会. 南宁地区金融志［M］. 南宁：广西人民出版社，2000：10.

西省造银毫称为“西毫”。面额有一角和二角（即双毫和单毫）两种，币面特点：有梅花、尖花、朦花和嘉禾花花纹，以及制造年份。自治军时期只铸造了双毫，从表二可看出，银毫成色和含银量都较低。现将《广西金融史稿》收录版式整理如表二所示：

表二　广西自治军时期的银毫

银毫名称	每枚总重量（克）	成色	每枚含银量（克）
民国十一年双毫	4.885	0.591	2.887
民国十二年四瓣圆花双毫	4.862	0.562	2.732
民国十二年五瓣圆花双毫	4.896	0.569	2.786
民国十三年五瓣圆花双毫（甲）	4.941	0.499	2.465
民国十三年五瓣圆花双毫（乙）	4.760	0.494	2.351
民国十三年五瓣圆花双毫（丙）	缺	缺	缺
民国十三年四瓣圆花双毫	4.760	0.479	2.365
民国十三年尖花双毫（甲）	4.873	0.521	2.539
民国十三年尖花双毫（乙）	4.828	0.545	2.631
民国十三年尖花双毫（丙）	4.783	0.552	2.640
民国十三年朦花双毫	4.873	0.327	1.593
民国十三年桂字双毫	4.715	0.500	2.357

资料来源：郑家度．广西金融史稿：上［M］．南宁：广西民族出版社，1984：230.

民国十二年（1923）三月，沈鸿英在梧州设立造币厂，铸造双毫，“样式花纹，与东毫无异，面重库平1钱2分4厘，仅银色比粤造稍差，市面均照东毫一律行使”①。

民国十二年（1923）六月至民国十三年（1924）七月，张其锽任职期间由广西造币厂铸造双毫，成色较低，含银量未达到规定标准。在此期间地方豪绅也设厂私铸劣质银毫。

民国十三年（1924）六月，李宗仁、黄绍竑进占南宁后由广西造币厂铸造五瓣花银毫。同一时期，也有商人承办浔州造币分厂，铸造银毫。

图三十至图三十三为本地军政势力用银行名义铸造的银毫。

① 《广西金融志》编纂委员会．广西金融志［M］．内部发行，1992：67.

图三十　民国十一年广西省造二毫银币

图三十一　民国十二年广西省造二毫银币

图三十二　民国十三年广西省造中心桂二毫银币

图三十三　民国十三年广西省造二毫银币

（图三十至图三十三图片来源：广西钱币博物馆馆藏）

（2）镍币。“民国十二年，北海开设铸币厂，铸就 5 分面额的镍币 25 000 元，流通市面”[①]，此币仿广东省造 5 仙镍币铸造，由于为试样性质，市场流通极少（见图三十四）。

图三十四　民国十二年广西省造半毫镍币

（图片来源：桂林钱币学会．广西历史货币图集［M］．桂林：广西师范大学出版社，2003：38.）

三、民国广西自治军时期货币发行的特点与社会动因

（一）民国广西自治军时期货币发行的特点

1. 从发行角度来看，发行主体多，发行名目乱

自治军时期各派军政势力均插手金融，中央政府财政制度形同虚设，广西地方货币发行权分散、发行机构和钞票种类繁多。民国十一年（1922）至十二年（1923）间，孙中山任命的广西省长马君武命令县、市商会将民国元年版的一元券，民国七年、民

① 《广西金融志》编纂委员会．广西金融志［M］．内部发行，1992：74.

国十年五角券加盖商会印予以发行流通的同时，又印制五角、一元两种“广西军用钞票”；占据南宁而自封省长、总司令的蒙仁潜、林俊廷，印制发行了“广西银行通用券”；先后占据过桂林、梧州、柳州的沈鸿英印制发行了“桂林广西银行券”“广西临时军用票”；占据桂林、自称公民自治军临时总司令的梁华堂印制发行了“桂林地方银行券”；最后，还有北洋政府委任的省长张其锽发行的“广西省银行券”；卷土重来的陆荣廷发行的“广西边防票”。“旧桂系军阀集团头目之一的沈鸿英，一九二三年在梧州铸造双毫，样式花纹仿同广东省铸造的东毫，只是成色稍逊。一九二四年，原在南宁自称广西总司令的林俊廷败退钦廉后，曾在防区内自铸银毫。在战火纷飞，一片混乱之中，地方豪绅也有设厂私铸的。尽管成色很低，土豪劣绅还是倚仗势力，强迫通行。”① 这一时期发行的货币数量种类纷杂，无信用可言，且依据统治扩张需要而发，重发行而轻流通，具有极大的随意性，乱象空前。张其锽于1923年6月27日致财政部《关于粤军退后自治军滥发军用钞票文》一文称：“自粤军入桂，一切田赋厘税用桂币完纳者，以五成折收。粤军退后，自治军蜂起，各发军用钞票，混合行使，以致价格日跌，旧币亦随之而跌，现纸币一元跌至只值铜元六枚，且有日下之势，官俸照定章用纸币倍发，额薪百元者，实得铜元一千二百枚，食粥尚且不敷。”文中又说：“旧发纸币有案可稽者一千七百余万元，去年桂军克复南宁后，陆续发行通行券五百万元，边防军新发钞票约五百万元，桂林、柳州、梧州各处军队所发地方钞票共五六百万元，合计约三千四百万元。”②

2. 从流通角度看，区域性显著

旧桂系陆荣廷统治10年间，为巩固势力应付各项费用开支，变换名目发行钞票。“1918年10月，陆荣廷设南宁铜元局，不久改称广西造币厂，以韦怀渝、陆福详先后任厂长，为广西造币之始。陆荣廷治桂十年，纸币发行实际共为2 743万元，按当时全省人口900万人计算，每人摊派3元多之数。”③ 如此一来，纸币贬值变为废纸。至自治军时期，各地控制势力或流通粤钞，或利用旧钞加盖发行，或自行印钞，或新建银行印钞，但无论何种方式，其流通范围仅限于各自发行的中心城市及其附近地区。陈炯明发行的广东省银行兑换券，主要流通于梧州地区；蒙仁潜、林俊廷发行的“广西银行通用券”，主要流通于南宁地区；沈鸿英发行的“广西银行券”，主要流通于柳州、梧州地区；梁华堂发行的“桂林地方银行券”，主要流通于桂林地区；陆荣廷发行的“广西边防票”主要流通于龙州……各统治区域之间货币无法流通，相互排斥，自成

---

① 郑家度．广西近百年货币史［M］．南宁：广西人民出版社，1981：80.
② 郑家度．广西金融史稿：上［M］．南宁：广西民族出版社，1984：207.
③ 郑家度．广西近百年货币史［M］．南宁：广西人民出版社，1981：70.

一体。

3. 从货币性质上看，各类钞票仍属兑换券性质，无法成为法定信用货币

一般情况下，为保证金融货币市场稳定，中央政权发行货币须具备一定的储备金，以确保货币的信用。然而民国自治军时期的广西各派系军阀，其发行货币的目的直接粗暴，仅为攫取私利，扩充军费，巩固统治，不惜扰乱金融秩序，破坏金融规律，更不存在储备金作为发行准备，因而从本质上看，这一时期的货币属于强权政治下的产物，随着军阀政权的消亡，势必会为适应经济交换的信用货币所取代。

可以看出，这一时期广西货币发行状况表现为三个方面：一是发行主体繁多，发行名目杂乱；二是流通区域性显著；三是其货币性质均属于兑换券，无法成为法定货币。旧桂系时期，广西主要的地方货币发行势力为陆荣廷政权，其在金额、各地发行数量等方面都居首位。而自治军时期则是多股势力同时发行货币，无人监管，不受控制。中央政府的货币政策在广西更是形同虚设。自治军时期的货币发行量依据的是各势力的财政军需状况，而非经济运行货币流通需要，因而出现了随意滥发的情况。

（二）民国广西自治军时期货币发行的社会基础

造成民国时期广西地方货币出现上述状况的原因是复杂的。其中固然存在军阀的盘剥与掠夺，但也与当时全国的政治经济大环境及地方政局、财政有关。同时，货币发行的种类与数量也反映了这一时期广西社会经济发展的要求。自治军地方货币滥发有其深层的社会基础，具体包含以下三个方面：

1. 中央政权式微下的地方分裂割据

民国时期，中央统治日渐衰弱，政治混乱，尤其在旧桂系垮台以后，广西一时之间各派势力抬头，各大军阀割据一方。由于各派势力均无力掌控全局，争权夺利的军政乱局由此形成。这一阶段，各派军阀为维护自身利益，采取各种手段强行发行流通本政权货币，并禁止其他政权货币在自己的势力范围内流通。尽管中央政权数次尝试统一货币发行权，规范币制，但因势力式微都未奏效。各派系军阀间的相互割据，使政治经济的联系被人为阻断。货币统一是国家金融稳定的前提，一旦混乱无序，势必直接影响地区间的贸易往来，造成金融市场的混乱。

2. 维持统治的财政需求

民国时期，广西地方财政收入仍以商品税及田赋为主，而因战争频发，军费支出消耗了财政收入的绝大部分，甚至入不敷出。与中央统治势力相较而言，地方军阀无法得到财政拨款，只有通过势力范围内的地方银行不断增印钞票来应付财政支出。“沈鸿英发行的军用券，远远超过《广西大事记》的记载。大量印刷，随军行使，首先于

1922 年在桂林发行面额一元的军用券，随后于同年在柳州除发行面额一元军用券外，还印发铜元券，面额有铜元十枚券、二十枚券、五十枚券、一百枚券四种，最后于 1923 年 2 月在梧州发行面额一元军用券，第一次发行额为五万元，其余印发次数及总金额均无法查考。”①

3. 地方社会经济的内在需求

民国广西自治军时期区域性地方货币的流通，一方面是军阀势力的强制发行，另一方面也是民生经济的内在需求使然。“广西历来贫穷，是中央政府财政扶持的省份，在清朝时，大量依赖广东的协饷来维持广西的行政支出。民国建立以后，中央政府不再对广西进行扶持，广西财政更加困难。”② 探讨地方货币泛滥的历史观点，往往将其归之于军阀压榨剥削，不可否认这一时期确有军阀发行货币牟取统治资本，但对于民国自治军时期的广西而言，区域货币的出现与泛滥也反映了当时民生经济的需求。“使用加盖券的县市约有 30 个之多，除桂北外，桂东、桂南、桂西都有县市流通加盖券。加盖券以一元最多，五角券次之。加盖券分布范围较广，说明在广西银行倒闭的情况下，这一做法还是合人心的，因为：①本地民、商手里持有的旧广西银行纸币原来都是用劳动换回的，不致因旧桂系垮台而完全作废，仍可得回五成价值；②保证本地有一定数额的货币流通，不致因缺乏流通手段而经济瘫痪；③加盖券可以控制本地原有纸币的固有数量，避免外地纸币流入冲击本地市场，进而影响本地经济、金融秩序；④各户所持有纸币都贬值五成，就本地范围来说，仍可保持等价交换，公平交易。③ 各类货币的出现，在一定程度上弥补了当时现银短缺的缺口，满足了商品交换的需求，解决了市场经济的基本矛盾，适应了当地的经济发展情况。

四、民国广西自治军时期区域性货币体系的局限

虽然民国广西自治军时期的区域性货币金融体系在一段时间内对广西地方经济的发展起到了重要作用，但应引起注意的是，以自治军时期为代表的小区域小范围货币发行体系，实力薄弱，市场容量有限，抗风险能力不强。尤其是广西地区经济本身发展根基不稳，实业基础和产业体系较弱，市场化程度较低，具有较大的局限性。区域性的货币体系无法长期支持经济持续、稳定、健康的增长。

---

① 中国人民政治协商会议广西壮族自治区委员会文史资料研究委员会. 广西文史资料 [M]. 内部发行, 1984: 172.

② 周明. 黄绍竑主桂时期的广西经济建设 [J]. 桂林师范高等专科学校学报, 2014, 28 (3): 73 -76.

③ 龙刚家, 张世铨. 广西历史货币 [M]. 南宁: 广西人民出版社, 1998: 124.

第一，自治军时期广西货币金融体系的封闭性，使各经济板块之间的联系被人为阻断，影响了各经济区域间的互通有无。民国时期广西各派势力所发行货币，仅是本区域内的主流货币，其余地区均鲜少流通甚至不流通。

第二，自治军时期广西货币金融体系强权性质鲜明，不符合市场规律，主观随意性强，抗风险能力弱。广西这一时期货币金融体系存在和建立的基础是地方军政势力，地方军政势力拥有对本区域金融经济和货币发行的绝对控制权，为攫取私利或满足统治、军事需求，军阀政权通常违背经济规律，通过政治手段滥发纸币，强行干预本地金融体系和货币发行，破坏经济秩序，使本区域金融体系乃至社会经济发展遭受严重损害，出现更大的财政金融危机。

第三，自治军时期广西独立货币体系是地方政权与中央政权对抗的产物，地方经济受到打压。地方政权意欲摆脱中央政权的控制，货币金融便是其中重要的手段之一。放眼 1921—1924 年整个自治军时期，各类货币的产生消失均是地方与中央抗衡的表现。中央政权为瓦解地方势力，打压制裁广西金融经济，极大影响了广西的发展。

五、结语

民国广西自治军时期，各地军政势力货币体系的产生和存在，是在特殊历史阶段，特定的经济、政治、军事等因素共同作用下的结果。其产生的经济基础是中央货币金融体系崩溃而各地方商品经济仍向前发展；其存在的政治基础是广西政局动荡，不存在中央政府下属机构，各方势力相对中央各自为政，自治独立。从这一层面上看，自治军时期区域性货币金融体系有其产生和存在的合理性。同时也反映出不同地域经济发展实际情况对货币体系的具体化、多样性需求。区域性货币金融体系在地区社会经济发展过程中发挥了一定程度的积极作用，在国家统一的货币金融体系崩溃后，一定程度上支撑了区域社会经济发展，适应了国家统一金融货币体系崩溃后各区域经济金融的发展，对广西的经济、社会的发展产生了深远影响。

广西各个时期的货币政策，是广西各阶段政治经济发展变化的缩影，是全国局势风云变幻的侧面反映，亦是金融转型的折射。纵观民国广西自治军时期的货币，其具有显著的历史局限性及地域局限性，仅能在经济落后、小农经济占绝对优势的特定历史时期存在，而随着此后国家政权的逐步统一及全国金融体制改革的推进，这一现象终将为货币国家化所取代。

（本文为广西钱币学会 2017—2018 年度学术课题重点研究项目结项成果）

浅析新旧桂系货币发行与流通

吴汝玲　梁绍甫　钟　蔚

（广西钱币学会）

摘要：新旧桂系是民国时期统治广西的两大军事集团，以陆荣廷为首的旧桂系在广西发行纸币、铜元和西毫，以李宗仁、白崇禧等为首的新桂系在广西同样发行纸币和西毫，后期由于货币贬值和通货膨胀，广西人民深受其害。新旧桂系时期货币的发行与流通时而稳定，时而混乱，既依附中央政府，又游离于其外并与其明争暗斗，展现了民国时期独有的货币现象。

关键词：新旧桂系；地方货币；货币发行；货币流通

“我国省地方金融机构之肇始，远在清代。”[①] 光绪二十九年（1903），广西巡抚李经羲在桂林设立广西官银钱号，并派员赴上海接洽印制纸币，这是广西印制纸币的最早开始。宣统二年（1910），广西官银钱号改组为广西银行，这是“广西银行”定名之始。直至民国，广西开始由银两、制钱并用币制向银圆、铜元、纸币并用币制转变，新旧桂系货币走上由统一的金融机构——广西银行发行货币，货币发行以纸币为主、以银毫为本位的近现代金融发展的必经之路。

新旧桂系时期，货币的发行与流通时而稳定，时而混乱，既依附中央政府，又与其明争暗斗，既为帝国主义扶持，也与其对抗。目前学术界单独论述旧桂系或新桂系货币的文章很多，但对比新旧桂系货币流通与发行，横向比较桂系军阀与其他地方军阀之不同的成果较少。新旧桂系军阀因所处的时代、阶层等不同，且广西独特的地理、经济、政治与其他地方不同，在货币发行和流通方面有其独特的表现形式。

① 郭荣生. 中国省银行史略［M］. 台北：文海出版社，1975：15.

一、旧桂系货币发行和流通概况

“民国肇始，土匪出身的桂籍旧军官陆荣廷主政广西，于民国元年设立广西银行，以范椿年为总经理”①，依照票号模式进行银行管理，总行设在桂林，分行在梧州。当时广西政局动荡、财政入不敷出，“1912 年财政预算匡计：收入方面计田赋 100 万元，统税、厘金 120 万元，杂收入 30 万元，总计 250 万元；支出方面计各项政费 150 万元，军事费用 350 万元，总计 500 万元”②。“广西银行准备金也大部分被提用，仅余 10 多万元。”③ 为解决财政赤字，陆荣廷一面向北洋政府求援，一面责令广西军政府财政司整顿税源，但皆是杯水车薪。此时南京临时政府发行公债，活跃金融的行动给了陆荣廷启发，民国元年（1912）五月，他授意财政司把清末广西银行印好但未发行的 100 万元银圆票更名为“延期兑换券”并发行上市应急，这批银圆票面额为 1 元和 5 元。时有声明：“现值兵燹之后，元气未复，商务凋敝，市面银根异常短绌，……故欲救广西今日商务之衰落，非整顿金融机关不可，欲图金融机关之灵活，非由银行发行纸币不可。”④ 旧桂系的掌权者陆荣廷已深知要用发行货币来挽救广西财政。

（一）旧桂系发行的货币数量

延期兑换券效果显著，军费供应紧张的情况暂时得到缓和。为搭配延期兑换券，陆荣廷为首的旧桂系政府急不可待地到上海印制新钞，从此，旧桂系开始与北洋政府就货币问题进行博弈。旧桂系发行的纸币数量⑤详见表一：

表一　旧桂系发行纸币简表

发行时间	印制单位	面额	印制数量（万张）	面值总额（万元）	备注
1912 年 8 月	上海商务印书馆	1 角	100	60	性质为搭配延期兑换券发行的辅币
		5 角	100		
1912 年 10 月	广西广华印刷厂	1 角	500	300	
		5 角	500		

① 郭荣生．中国省银行史略［M］．台北：文海出版社，1975：139.
② 郑家度．广西金融史稿［M］．南宁：广西民族出版社，1984：149.
③ 广西壮族自治区地方志编纂委员会．广西通志·金融志［M］．南宁：广西人民出版社，1994：23.
④ 郑家度．广西金融史稿［M］．南宁：广西民族出版社，1984：178.
⑤ 广西壮族自治区地方志编纂委员会．广西通志·金融志［M］．南宁：广西人民出版社，1994：23 – 24.

（续上表）

发行时间	印制单位	面额	印制数量（万张）	面值总额（万元）	备注
1913 年 3 月	上海商务印书馆	1 元	200	700	派员来南宁印制，北洋政府财政部准予其在 200 万元限额内发行
		5 元	100		
1914 年 1 月	上海	5 角	100	50	张鸣岐派员赶印
1916 年 4 月					加盖“驻粤广西银行十足兑换”“东”发行广西银行民国元年版纸币
1917 年 4 月	上海	1 角	300	30	经多次斡旋方得给照放行
1917 年 9 月	上海商务印书馆	1 角	200	860	派员来南宁印制
		5 角	200		
		1 元	740		
1920 年 7 月	上海	1 角	1 000	400	经财政部核发护照，由上海广西银行具领运回
		1 元	300		
1921 年 4 月	上海	5 角	400	200	

由表一可知，旧桂系发行的纸币为面额 1 角、5 角、1 元、5 元的小面额纸币。最大量的两次印制钞票皆为上海商务印书馆派员来南宁印制，两次印制钞票总额 1 560 万元，其余纸币多是上海印制，但印制单位不明。据记载，“陆荣廷统治广西十年间，发行纸币共达 2 800 多万元”①。以上纸币虽印制单位有差别，但都由广西银行发行，广西银行为旧桂系的御用金融机构。货币的发行不仅要有强大的中央银行，还要有十足的准备金，然而 1913 年 12 月 26 日广西银行监理向财政部报称：“该银行实存现银堪兑换钞票之用者，不满二十万，无以二十万之现银，备三百万钞票之兑换，已属世所稀闻，危险不堪设想。”② 财政部一直在制止广西滥发纸币，然而收效甚微。

旧桂系漫无限制地滥发纸币，导致广西银行纸币在民国十年（1921）陆荣廷下野时贬值五成，民国十二年（1923）九月，南宁现洋 1 元值纸币 120 元，人民手中纸币接连贬值，随后变成废纸。

① 广西壮族自治区地方志编纂委员会．广西通志·金融志［M］．南宁：广西人民出版社，1994：24.

② 郑家度．广西近百年货币史［M］．南宁：广西民族出版社，1981：93.

旧桂系统治时期广西货币体系不仅有纸币，还有银毫、铜元等，为小洋本位。银毫也叫毫洋或小洋，是一种银辅币，光绪十六年（1890）首先在广东开铸，两广境内广泛流通，双毫也就是 2 角银币。广西硬币发行情况如表二所示：

表二　广西硬币发行简表①

时间	订制人	铸币机关	硬币形式	面值总额	备注
1912 年 9 月 1 日至 12 月 20 日	陆荣廷	广东造币厂	广东双毫	398 600 元	
1913 年 9 月 14 日	陆荣廷	广东造币厂	广东双毫	每月 50 万元	为期一年
1915 年 6 月 13 日	陆荣廷	广东造币厂	广东双毫	每月 120 万元	为期一年
1918 年 11 月	陆荣廷	南宁铜元局	铜元	270 000 万枚	自铸
1919 年	陆荣廷	广西造币厂	广西双毫	不详	自铸
1920 年 2 月 26 日	范元茂	广西银行	广东双毫	不详	范为广西银行经理

从表二可看出，旧桂系时期，广西共 3 次向广东搭铸银毫，广西自铸硬币始于民国七年（1918），陆荣廷在南宁设立广西铜元局，利用宝桂鼓铸局旧址自铸铜元，这是民国广西唯一一次自铸铜元。次年改组成广西造币厂制造银毫，广西自铸的银毫称“西毫”，西毫币面模糊、成品质量不好，商民不乐意使用。西毫生产逐步缩减后，当时广西银行经理范元茂拟继续在广东搭铸银毫，然时局动荡，旧桂系溃败，并未成形。

（二）旧桂系发行的货币版式

旧桂系印制发行的货币除民国元年（1912）印制的广西银行辅币外都具有统一的版式，图一为民国元年九月印制发行的 1 角辅币。图一纸币长 10.5 厘米，宽 6.85 厘米，正面主体为褐色，票面中心印面值“一角”，下有花纹；正上方为“广西银行”横幅及编号，编号数字为人工填写；两旁齿轮图案，轮中空白加盖“总监督章”“总经理印”；其下左右两边印时间“中华民国”“元年九月”，中间印卷轴图案并说明“此票准完纳本省钱粮及各项公款等”；四周为繁花图案边框并在四角印面值“一角”。背面为蓝黑色边框，内框示文：“广西都督陆荣廷示：银行钱票，素称便利，兑换银元，宜有辅币……”，边框四角印篆书“广西银行”，左下角加盖“广西银行”长条红印。

① 范丽丽. 略论旧桂系统治广西时期的货币发行［J］. 黑龙江史志，2014（21）：25.

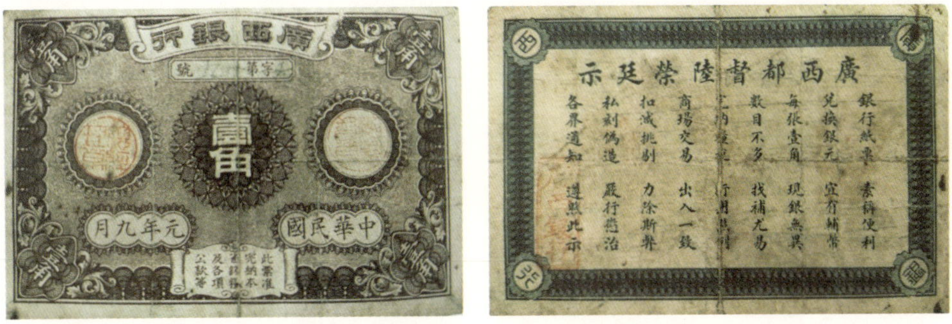

图一　民国元年 9 月广西银行 1 角纸币

（图片来源：广西钱币学会．广西历史货币［M］．南宁：广西人民出版社，1981：254）

图二为民国元年广西银行 1 元纸币，为旧桂系陆荣廷印制的主币，陆荣廷统治时期印制纸币用的版本都是这一版本（如图三）。图二版本为民国二年（1913）上海商务印书馆带机器来南宁印制的，分 1 元、5 元面额，当时共印制了总额 700 万元，然而财政部只允许广西发行 200 万元，剩余的 500 万元纸币并未销毁，陆续发行。图二货币长 13. 1 厘米，宽 7. 8 厘米。票面中心有墨绿隶书“一元”面值，衬以繁花图案；两旁为港口、铁道的椭圆图景观；上部印隶书投影“广西银行”横额和民国五色国旗、青白红海军旗和铁血十八星陆军旗簇拥着“广西银行”篆书圆形图案；两旁加印号头“No”与阿拉伯数字红色编码；下部屏风图案黑底楷书白字说明：“每元做十毫，完纳本省钱粮及各项公款等一律通用”，确立旧桂系广西货币的银毫本位制度；两旁加盖“广西银行”“总经理印”红色篆书方印各一；下部两旁纹中黑底白字“中华民国”“元年发行”，中间留空，后期加盖地名发行；四角衬出白色篆书“一”，上边及左右边的图案中含“一元”文字 12 组。背面主纹为外方内椭圆图案。四角为阿拉伯数字“1”和圆的英文“DOLLAR”；中部广西银行英文“KWANGSI BANK”，椭圆图案中印楷书布告：“广西都督陆荣廷布告：广西银行纸币，向来市面流通……”

图二　（民国二年印制的）民国元年广西银行 1 元纸币

（图片来源：广西钱币学会．广西历史货币［M］．南宁：广西人民出版社，1981：260.）

图三　民国元年广西银行 1 元纸币

（图片来源：私人收藏）

（三）旧桂系货币的特点

旧桂系发行的广西银行纸币，设计上有浓厚的辛亥革命和广西色彩。民国元年版广西银行纸币将辛亥革命三面旗帜印刷在纸币上，而背后则使用“广西都督陆荣廷布告”告示天下，使商民认可。

旧桂系货币等级少、面额小，这是由旧桂系政府与中央政府之间的控制与反控制的货币斗争造成的。中央集权货币发行，不准许地方印制大面额钞票是外因。内因是当时广西小农经济占统治地位，城市多以小额交易为主，这样的货币等级和面额已能满足市场需求。

旧桂系货币发行以小洋即银毫为本位。辅币除图一民国元年版 1 角外，后皆为 1 毫，主币 5 角纸币注明“每张作五毫”，1 元、5 元钞票都注明“每元作十毫”。广西小洋本位是与广东的货币经济相互协调的，广东的银毫弥补了广西铸币能力的缺憾，广西的纸币建立在社会普遍信任的广东银毫的基础上，有利于旧桂系的经济稳定。然而也使旧桂系的货币很大程度上依赖于广东。

陆荣廷利用新纸币上市的机会，把清末“广西银行”发行的旧币兑换回收干净，因发行数额小，旧币逐渐被新纸币所取代，给市场造成平稳过渡的假象。民众都认为前清“广西银行”发行的旧币没有因政局的颠覆而受损失，而旧桂系“广西银行”发行的新币又得以堂而皇之地占据金融市场。陆荣廷运用的这一套发行兑换、回收取代的手法，既使前朝纸币得以延长流通，又发行了自己的纸币，使不同的两个朝代的“广西银行”纸币在交替过渡期远离腥风血雨。这是民国广西旧桂系集团掌管金融维护政权的手段与全国其他省份的不同之处。

旧桂系“广西银行”纸币主要流通于广西境内，民国七年（1918）随着陆荣廷的征战而在广东短暂流通，然而并不长久。民国十年（1921）七月陆荣廷因粤桂战争失败而倒台，“广西银行”发生挤兑，银行存银无法应付，遂倒闭。

陆荣廷旧桂系集团统治广西十年，发行的纸币总计 2 800 万余元，大部分是民国元年同一版式。除布告、纪念、编号的细微修改，从不曾大改的版式使民众对这套纸币的信任度颇高，也使该套货币大量发行时不易被民众察觉。旧桂系后期陆荣廷不断增发纸币，自治军时期更是把这个版式的货币“元年发行”改成“十年发行”，背面布告变成“广西边防都督陆荣廷布告”并盖上“都督广西边防军务印”发行，这套货币的信任度不断下降，最后贬值成废纸。滥发纸币、陆荣廷下野和广西银行倒闭是旧桂系金融系统崩溃的主要原因。

二、新桂系发行与流通货币概况

民国十四年（1925）四月，李宗仁、白崇禧部彻底打垮沈鸿英部，统一广西。该年六月改组广西全省绥靖督办公署，成立民政公署，李宗仁任督办，黄绍竑任会办兼民政长，开启了新桂系对广西长达 25 年的统治。[①] 当年，新桂系即成立广西省银行，着手整顿金融，并未着急发行货币，而是印制嘉禾新毫，回收市场劣质毫币。

新桂系时期，广西仍是小洋本位，纸币、铜元和银毫并行。然而无论是嘉禾新毫，还是铜元，都已成为辅币。整个新桂系的货币发行主要聚焦于广西省银行发行的纸币，按此可以分为前期和中后期。

（一）新桂系前期的货币发行

民国十五年（1926）广西省银行开业到民国十八年（1929）蒋桂战争爆发是新桂系货币发行和流通的前期。“广西省银行原定资本毫银 500 万元，但省政府实际只拨毫银 70 万元，以后一直未增加。广西省银行开办之初，钞票发行较为慎重。第一年度即 1927 年 6 月底，发行钞票 753 万元。到 1928 年 6 月底，发行额激增至 1 257 万余元，到 1929 年第一季度末，发行额超过 1 500 万元。”[②] 民国十六年（1927）六月前，广西省银行有新铸嘉禾银毫 700 余万，可以随时兑现，故币制还算稳定。但之后嘉禾银毫贬值，钞票发行量激增，广西省银行发行纸币量已经超过银行实际资本 200 多倍。民国十八年（1929）蒋桂战争爆发，李白黄败走香港，广西省银行发生挤兑，银行无力付现，六月宣布倒闭。

---

① 龙刚家，张世铨. 广西历史货币［M］. 南宁：广西人民出版社，1998：38.
② 沈飞. 广西银行及其发行的纸币［J］. 收藏，2013（3）：98.

（二）新桂系中后期的货币发行

新桂系货币流通和发行的中后期为 1930 年至 1949 年，民国十九年（1930）年底李宗仁、白崇禧重掌广西大权，在市场货币短缺的状况下，即把其前任任期余下的 300 万银行券应急上市。次年三月省财政厅成立广西省金库，制定了《广西省金库发行金库券条例》，决定马上印发民国二十年版的金库券并投入市场。

民国二十一年（1932）新桂系集团重组广西省银行，同年八月开业，这就是新桂系统治时期的第二期省银行，即李白黄时期的“广西省银行”。恢复营业的广西省银行把前期银行向美股钞票公司订印后暂存于香港的 2 000 万元钞票全数领回投入市场流通。这样，在广西金融市场上同时流通着由省库与省行发行的两种纸币，而直至民国二十三年（1934）省财政厅再次发行民国二十三年版的省金库券，这套省金库券，多名其为“国币库券”，承担着兑换回收旧版省金库券的角色。省财政厅和省银行同时发钞，这是那个时期广西金融市场的特色，但在当时全国金融市场来讲是很少存在的。

“1935 年后，国民政府实行法币政策，发出《财政部实施货币管理布告》，集中货币发行权，规定‘元’以上主币只能由中央、中国、交通、农民四大行发行，广西发行货币的自主权没有了。”① 从此，广西只能从国家银行领取现钞，失去货币发行权。广西省内法币和桂钞同时流通，广西当局迂回发行辅币来变相获取货币发行权，如广西农产证券和广西辅币流通券等。

截至民国二十六年（1937）十一月，广西省银行发行桂钞（广西银行纸币）6 992 万余元，广西虽无货币发行权，然“以桂钞 1 元合法币 5 角为法定比率，照常流通。”② 随着抗日战争的开始，广西部队出省抗战，桂钞打破地域限制，可在外省流通，兑换法币。

法币以中央政府信用作为背书。在抗日战争中，法币作为中国的货币成为中日货币战争中的主体。中日货币战争中，国民政府失败导致通货膨胀，法币滥发而无法控制，最后发布的金圆券更是面额巨大，形同废纸，使国家金融货币体系一朝崩溃，国民政府信用崩塌。

当时，广西深受法币破产的影响，金融体系接近崩溃，市场上铜元与银毫再次成为主要流通货币。民国三十八年（1949）新桂系政府在柳州设厂铸造象鼻山银毫以苟延残喘，但尚未发行广西就迎来了解放。

---

① 龙刚家，张世铨．广西历史货币［M］．南宁：广西人民出版社，1998：39.

② 广西壮族自治区地方志编纂委员会．广西通志·金融志［M］．南宁：广西人民出版社，1994：27.

（三）新桂系发行的货币版式

新桂系发行的货币版式众多，除主币外还有各类巧立名目发行的辅币，以时间划分，新桂系前期发行的货币版式有民国十五年版、民国十七年版、民国十八年版，每套面额不一；中后期有财政厅印发的广西省金库券、广西银行印发的辅币、新桂系政府巧立名目发行的纸币，其版本不同、面额不同，有细微差别。因篇幅所限，本文只按照版本选其中一个品种介绍。

图四　民国十五年广西省银行 1 元纸币

（图片来源：私人收藏）

（1）民国十五年版广西省银行的货币，有三个面额：1 元（如图四）、5 元、10 元。图四币长 13.3 厘米，宽 8 厘米。正面画面的几何图案为青绿色，底纹为若干红褐色“广西省银行”小字组合；画面中央为面值“一元”，衬以多角形图案；其上为“广西省银行”横额及六位数红色号码；其下印发地名分别为梧州、桂林、南宁、柳州、玉林、龙州等；左右部分的椭圆形景观为名胜古迹；其旁印“公私款项一律通用”“凭票即付不挂失票”两行小字；中下加盖“行长之印”及“副行长印”两颗红色小方印；周边为领结图案组成的条形框边，内嵌“中华民国十五年印”纪年。背面画面图案为黑色；中部为长方形的北京地坛古迹景观，左右印面值“1”，上面印广西省银行英文及说明，下面为英文面值、发行地和“公元 1926 年”纪年，以及行长、副行长英文签名。

（2）民国十七年版纸币有 4 种面额，1 毫、2 毫（如图五）、5 毫、25 元（“念伍圆”）。该币长 10.5 厘米，宽 5.8 厘米，长方竖版，正面由“广西省银行”横额分上下两部分：上为小桥流水人家风景；下为“二毫”面值和半圆团花图案，加盖“行长之印”“副行长印”红色小章；四周弧形繁花边框，四角显示“二毫”面值；除下部半圆图案为五彩浅色外，其他图案书画皆为蓝色。背面画面皆为绿色，“B”字号头红色号码；最值得注意的是下部边框中文字“此二毫辅币券以十进计数，每五张做一元计”。

（3）民国十八年版纸币面值有 1 元（如图六）、5 元、10 元。如图六所示，一元纸币为长方形横版，长 16 厘米，宽 7. 3 厘米。正面画面类似一个黑色方框的黑色双耳壶图案；壶中装漓江风景，双耳嵌“一元”面值；两旁为五彩繁花底纹，壶的顶上，印隶书“广西省银行”名称，壶下署“通用货币”和“中华民国十八年印”纪年，并加盖“总经理印”和“协理之印”，边框下一行小字为“美国钞票公司”，显示此批钱币为美国印制。背面画面为红色横“日”形图案，图案中显出英文行名、面值及公元“1929”纪年，图案下为英文“美国钞票公司”名。

图五　民国十七年广西省银行 2 毫纸币

（图片来源：私人收藏）

图六　民国十八年广西省银行 1 元纸币

（图片来源：私人收藏）

（4）广西省银行印发的辅币券有1毫（如图七）、1角、5角三种面值，其中1毫纸币长9.5厘米，宽5.4厘米，正面主体图案为黑褐色，底纹绿色；中部为政府大厦风景图；其上横额印“广西省银行”；两旁和四角都显示“一毫”；其下印“凭票即付毫洋一毫”“中华民国二十一年印”等说明。背面图案呈朱红色，正中间为风景名胜图，两旁和四角都显示“一毫”面值；加盖黑色编码，十分醒目。

图七　民国二十一年广西省银行1毫纸币

（图片来源：私人收藏）

（5）省财政厅印发的纸币有金库券、金库国币库券、金库毫币券（如图八），因发行机构统一且使用元素相似，可归为一类。图八金库毫币券长15厘米，宽7.5厘米，正面四周繁花边框，加海潮喷珠图案；下为广西省政府大楼；中下为繁花多角形图案承托出的面值“十元”，四角“拾”“圆”各一字；下边印发行时间“中华民国廿五年发行”。背面的画面为姜黄色，上部是国民党党徽，中部拱门桥洞中为扬帆起航图；下部印“本毫币券凡完纳本省正杂赋税商市交易一律十足通用”。该币民国二十五年（1936）已经印制完成，但因广西银行已发行大量辅币，封存至民国三十一年（1942）才由广西银行“董事长黄钟岳”“总经理廖竞夫”签署后，加盖“本毫币券十元折合国币五元行使”，由广西银行发行。

新桂系政府巧立名目发行的纸币，如农产证券、辅币流通券，这两类是新桂系政府和国民政府博弈发行权的产物，虽印制成功但并未正式发行。据记载：“农产证券民国二十七年（1938）印制成功，南京政府严加制止并发给广西农民银行500万元贷款。广西将这一批农产证券封存在梧州广西银行库中不予发行。”① 辅币流通券民国三十八年（1949）春印制成功，当时金圆券百元已成小票，政府信用崩盘，广西即将解放，这套纸币最终没有发行。

---

① 龙刚家，张世铨. 广西历史货币［M］. 南宁：广西人民出版社，1998：39.

图八　民国二十五年广西省金库毫币券 10 元纸币
（图片来源：广西钱币博物馆馆藏）

三、新旧桂系货币发行与流通的相同点

新旧桂系作为民国时期主政广西的两个军事集团，本质都是割据一方的军阀，他们的货币政策都是为了维护统治，扩张军备。具体来说，新旧桂系货币流通与发行的相同点如下：

（一）新旧桂系皆以银毫为本位，广西银行是军阀割据的御用金融工具

广西货币经济以银毫为本位，在旧桂系的货币发行和流通中，辅币除民国元年版 1 角外，后皆为 1 毫，主币 5 角纸币注明“每张作五毫”，1 元、5 元钞票都注明“每元作十毫”。新桂系的货币辅币皆为毫币。新旧桂系以广西银行为其货币发行和流通的主体，每张货币的正面都印制“广西银行”或“广西省银行”字样。

（二）货币发行的轨迹都是从谨慎到滥发，货币发行的目的相同

新旧桂系作为地方割据势力，军政一体，独揽货币发行权的时候都是为了保证自

身的统治地位。作为地方军阀，军队是其安身立命之根本，军阀自筹军饷，货币发行是其维护政权的工具。金融建立在货币的基础上，货币的基础准则是法制。而新旧桂系是没有法制的，一切以军阀利益为本。在军阀掌权之初，为了社会稳定，争取商民信任，发行纸币尚有所顾忌。到后期军费开支日益浩大，地方银行又是军阀控制的棋子，为维护势力不顾市场规律、不管人民死活滥发货币是必然。新旧桂系发行的纸币成为军阀搜刮人民手中金银财富的刮骨刀。

（三）新旧桂系都与中央争夺货币的发行权

作为地方割据势力，发行货币是其筹集军费、掠夺财富的手段。“新旧桂系与北洋军阀、南京政府明争暗斗，直至抗日战争爆发，始终维持着广西的割据局面，使广西成为封闭的独立王国，实行自制的独特政治、经济纸币。”① 广西独立王国离不开独立的货币发行权，货币发行权是桂系军阀不可舍弃的“刀剑”。

不论是旧桂系陆荣廷不断与北洋政府斡旋，让其给照放行增发纸币，还是新桂系李白黄迂回印制金库国币库券、辅币流通券或农产证券等，本质都是与中央政权争夺货币发行权。

（四）新旧桂系货币溃败后，外国货币、银圆等硬通货就开始复苏

旧桂系倒台后广西货币市场混乱，法国的“法光”“法纸”，香港的港元、铜元盛行；民国三十七年（1948）八月后，法币崩溃，市场交易多以银圆、铜元为主或以物易物。

除相同点外，新旧桂系货币的发行和流通更有许多的不同。

四、比较新旧桂系货币发行与流通的不同

新旧桂系由于所处阶级、所受教育的不同，两者建立的金融货币体系存在差别。

（一）发行版式、数量不同

旧桂系发行了 3 个版式的货币，广西银行“延期兑换券”、广西银行辅币票、民国元年版广西银行纸币，其中广西银行纸币在旧桂系统治十年间未改过版式。新桂系发行的货币版式则超过 11 种：广西省政厅兑换券、广西省银行通用钞票、广西省银行辅

① 姜宏业．中国地方银行史［M］．长沙：湖南出版社，1991：218．

币票、广西银行东毫兑换券、广西八省大洋券、广西金库毫币券、广西金库国币库券等。新桂系的货币发行量也大于旧桂系，旧桂系 10 年间共发货币 2 800 万余元，新桂系广西省银行成立不到 5 年即发行超过 1 500 万元，截至民国二十六年（1937）十一月，广西省银行发行纸币 6 992 万余元。总而言之，新桂系发行的货币版式、数量远远多于旧桂系。

（二）新旧桂系货币流通范围不同

“陆荣廷当政，开始大量发行纸币，银毫、铜元、纸币、制钱混合通用。陆氏纸币，多在城市使用。南宁和梧州占绝大部分。”① 旧桂系纸币主要流通于广西南宁和梧州等经济较发达地区，随着民国六年（1917）陆荣廷被任命为广东都督、两广巡阅使时流通到广东。旧桂系货币只在广西、广东小范围流通。

新桂系货币桂钞也流通于广西境内，因广西部队参加抗日战争，民国十五年版桂钞中的 5 元、10 元曾背面加盖红色大方印流通于粤、桂、湘、鄂、赣、苏、浙、皖等省份。其为 1930 年新桂系参加蒋、冯、阎中原大战时出兵湖南所携带的军钞，俗称“八省大洋券”②。1935 年广西已经没有了货币发行权，新桂系的纸币在 1937 年抗日战争全面爆发后更被桂军带到全国各地，与法币可以直接兑换，新桂系纸币不断被法币所替换。

（三）新旧桂系银行管理模式不同

旧桂系陆荣廷时期的广西银行采用票号的管理模式，而新桂系时期的广西省银行初具现代金融机构管理规格，广西银行民国二十一年（1932）第三度成立后，设立条例、章程，建立董事会、发行部，以立法和组织管理货币发行和流通，这是广西近现代金融机构的开端。

（四）新旧桂系阶级不同，所以货币管理理念不同

旧桂系陆荣廷土匪出身，后被清廷招安，成为封建官僚。武昌起义后附和辛亥革命，盘踞广西，陆荣廷扛着辛亥革命的旗子，骨子里却是封建思想。“他们缺少文化教养和科学知识，满脑子都是封建思想和封建观念。”③ 其钱币正面印制辛亥革命 3 面旗帜，但在官员的任用上任人唯亲，新设立的广西银行采取的是前清票号管理模式。其

---

① 《广西金融志》编纂委员会. 广西金融志［M］. 内部发行，1992：102.

② 陈功印. 桂林钱币学会十年文选［M］. 南宁：广西人民出版社，2003：126 .

③ 莫杰. 军阀的基本特征和新旧桂系的比较研究［J］. 学术论坛，1985（8）：54.

货币管理概括起来就是陆荣廷一言堂的封建家长制。

新桂系李宗仁、白崇禧、黄绍竑、黄旭初都接受了辛亥革命资产阶级思想的熏陶，在近代军事学校学习过，所以他们的货币思想更为开阔、先进。建立广西省银行之初就派员赴上海学习先进的金融机构管理理念，后期更是建立起管理机构较完善、货币发行较健全的近代银行。银行虽还是处于军阀控制之下，但也是广西近现代金融体系的初步实现。

五、桂系货币发行和流通与其他军阀比较

民国时期各地军阀的货币发行与流通目的大都一致，皆以维护军政独立为目的，主要用于军费开支，货币发行所经道路都由谨慎到滥发。滇军“省政府向银行借支富滇银行纸币发行累计总额由 1927 年的 2 900 万元上升至 1929 年的 4 000 余万元，即增加约 38%。富滇银行纸币发行额从 1927 年的 4 130 万余元增加到 1929 年的 7 740 万元，即增加约 90%。”① 这时的山东奉系军阀张宗昌也在滥发纸币，“据 1927 年 6 月统计，共发行省钞 2 300 余万元……除此之外，张氏还以政府和军队的名义，发行军用票 2 000 万元，公债券、金库券近千万元……不到两年的时间，张氏三票发行总额竟多达 5 000 多万元，这是山东经济史上前所未有的事。”② 纸币的滥发本质上是掠夺人民财富以供养军阀和争夺地盘，使货币不断贬值，商品价格暴涨，货物流通梗塞，对经济发展和人民生活造成了极其恶劣的影响。

因为地处南疆，拥有独立勇猛的军事力量，桂系在民国时期能维护其独立王国的地位，货币发行和流通由其主导，桂钞从未彻底退出流通。“1945 年 10 月，蒋介石以武力改组云南省政府……即迫令富滇新银行全面收购新滇币……新滇币最后还是被法币完全逐出了流通领域。”③

总的来说，作为民国时期十分顽强的地方军阀，桂系的货币发行和流通也同样顽强。

六、结语

纵观整个民国历史，银币、铜元、外国货币从未真正退出广西货币流通领域，虽

① 姜宏业. 中国地方银行史［M］. 长沙：湖南出版社，1991：559.
② 姜宏业. 中国地方银行史［M］. 长沙：湖南出版社，1991：407.
③ 姜宏业. 中国地方银行史［M］. 长沙：湖南出版社，1991：562.

然新旧桂系统治者主推纸币，但他们推行纸币的目的是剥削人民、筹措军费、扩充军备、争夺地盘、维护地方割据势力。这种没有法制地滥发纸币的行为最终以金融体系崩溃、政府信用消弭而告终。民国广西货币发行与流通拥有历史的局限性和失败的必然性，又折射出民国时期社会阶级的发展变更，以及全国金融系统改革发展的脉络。在这期间，广西初步建立近现代金融机构、金融人才得到初步培养是意外之喜。

（本文为广西钱币学会 2017—2018 年度学术课题重点研究项目结项成果）

货币视角下广西新旧桂系时期经济状况初探

汤隆皓

（广西师范大学历史文化与旅游学院）

摘要：在民国时期，广西与其他地区在货币方面出现了不同步的情况，在全国普遍适用大洋的时候，广西采用的依旧是小洋为本位，这也就使其自身的经济发展受到了这种货币形式的影响。广西民国新旧桂系统治时期的经济大致可以分为三个阶段：第一阶段是旧桂系统治时期，这一时期经济混乱，各项建设难以开展；第二阶段为新桂系统治初期，这一时期的政府通过金融整顿，一定程度上稳定了经济状况；第三阶段为新桂系领导的四大建设时期，这一时期的政府大力整顿金融，形成了自身的财政体系，使经济最大限度地发展起来。

关键词：货币视角；广西省；民国经济

民国时期广西经济有很多特性，其中一个就是军事化的经济建设，在桂系统治时期，广西在发展经济建设的过程中有着很强的军事意图，在各项经济建设当中也体现出比较浓厚的军事化色彩。在军事化经济建设当中，民团与经济建设的发展，最初的目的是强化自身的军事能力，但是发展到后期，桂系政府将其当作经济建设的发展动力。广西民国时期经济的发展，不仅受到了国家经济发展形势的影响，也体现出了比较明显的地方特色，特别是在金融发展当中，在全国普遍使用大洋的情况下，广西更多地采用小洋为本位，而在民国阶段，各种外币的流通，也使广西地区的经济发展受到了很大的影响。从广西地区的货币史发展来看，这是整个旧中国半殖民地半封建时期货币流通的一个缩影，各种政治变革与经济变化在金融货币方面有着直接的体现。本文试图从货币角度对广西民国新旧桂系时期（1912—1937）的经济状况进行探讨，从而更好地认识广西民国时期经济的发展，了解特殊时期下货币在民国经济发展当中起的作用。

一、旧桂系统治时期

（一）旧桂系时期的货币体系

在旧桂系统治时期，财政困难愈发严重，而陆荣廷政府在解决财政困难的时候，除了向外借债，还大肆增加人民的苛捐杂税，横征暴敛，使整个广西地区的人民陷入水深火热当中。在这一时期，陆荣廷政府为了缓解自身的财政压力，在货币金融政策方面做出了一定的调整。根据《广西通史（第二卷）》的记载，1912 年 5 月，陆荣廷将广西官银钱局改组为广西银行，总行依旧设立在桂林，同时在梧州设立了分行，从而为金融开发与对外举债提供便利①。与此同时，陆荣廷政府命令财政司长严端将广西银行原来印制的 300 余万元兑换券全部抛向市场，强迫民间使用。1913 年 3 月，陆荣廷命令财政司与上海商务印书馆订印 1 元与 5 元两种票额的钞票，共计 800 万元（一说 1 200 万元），在将其推向市场之后，整个货币市场种类更加多样化，包括墨西哥鹰洋、广东毫洋、中国龙洋以及香港毫洋，等等，而在进行税收的时候，依旧以硬币为主。但是在这一时期发行的货币，由于没有可靠的基金作保障，广西银行的资本出现了“实银不足三四万元”的情况。而在 1918 年 10 月，桂系政府在原宝桂鼓铸局址设立广西铜元局，并在次年鼓铸一仙铜元 27 万枚，这也成了广西有史以来唯一一次自铸铜元。在旧桂系的统治时期，由于政府穷兵黩武，官员贪污挥霍，使银行的现金被提用一空，在这种情况下，整个货币体系也就失去了相应的保障，币值暴跌，如同废纸，无数家庭倾家荡产，对当时的社会经济发展造成了极大的损害。

表一　旧桂系统治时期广西硬币发行情况简表

时间	订制人	铸币机关	硬币形式	面值总额	备注
1912 年 9 月 12 日	陆荣廷	广东造币厂	广东双毫	398 600 元	无
1913 年 9 月 14 日	陆荣廷	广东造币厂	广东双毫	每月 50 万元	为期一年
1915 年 6 月 13 日	张鸣岐	广东造币厂	广东双毫	每月 120 万元	为期一年
1918 年 11 月	陆荣廷	南宁铜元局	银圆	27 万枚	自铸
1919 年	陆荣廷	广西造币厂	广西双毫	不详	自铸

资源来源：郑家度．广西近百年货币史［M］．南宁：广西人民出版社，1981：90.

① 黄滨．明清民国时期广东商品经济辐射与广西社会经济的发展［J］．广东社会科学，1993（2）：68 – 73.

从表一可以发现，在1915年之前，银毫铸造的面值总额并没有超过120万元，但是在1918年之后，随着反袁战争的胜利，陆荣廷成为两广巡阅使，并且兼任护法军元帅，将铜元局进行整改之后，成立了广西造币厂，同时购置了机器银块等，进行二角银毫的生产，每日铸造1万枚，折合2 000元。然而，就这种当时官府铸造的银毫来说，质量并不是很高，使流通率受到了很大的影响，对当时经济的发展产生了不利的影响。

（二）旧桂系统治下的实业建设

1. 农林业的拓荒

广西地区的农业一直处于一种比较落后的状态，即使是在辛亥革命之后，广西地区落后的农业发展仍没有得到较大的改观。据《广西通史（第二卷）》的记载，1910年广西全省人口共计896万人，耕地面积仅为968万亩，人均耕地只有1.1亩左右，相较于以往甚至出现了下降的情况。而在这些土地资源当中，大部分耕地依旧掌握在地主以及官府的手中，同时在社会变革以及其他因素的影响下，出现了许多公田私有化的情况①。在地少人多的情况下，政府并没有削减赋税，反而大量增加租赋，农民在经历改革之后，非但没有获得实质性的利益，其生活还陷入了更加贫困的境地。在当时的社会背景下，受社会动乱与自然灾害的影响，越来越多的官绅富户将土地作为牟利点，通过设立农垦公司，在“领垦”的借口下，大量侵占荒地。荒地被开垦之后，客观上一定程度推动了当时农业的发展，在当时全国的粮食农业经营陷入困境的时候，广西地区凭借自身的地理优势，通过种植一些特产，取得了“行销外洋，获取厚利”的一定成就。

2. 工业发展水平滞后

民国时期广西的工业发展水平远远落后于其他地区，其所形成的近代资本主义工业资本在全国所占的比重也微乎其微，特别是在基础薄弱的情况下，广西的工业发展步履维艰。即使是在手工工场以及手工业作坊方面，广西也落后于其他省份。同时，由于经营规模较小，设备以及技术条件相对较差，手工业的可持续发展能力不足，对自身的发展产生了不利的影响。比如在针织业的发展当中，人均产值仅有85元，而广东省的人均产值达到了343元。但是广西地区并非没有代表性的工业发展，同样也有一些规模较大的工厂，比如张德织染厂、福永德织染厂等。对于民国初年的广西矿业来说，一些矿业通过抓住机遇，迎来了短暂的发展，但是同样有许多老矿产业由于受到政策与政局的影响，出现了发展困难的情况。比如在第一次世界大战期间，国际市

---

① 唐凌．民国时期的广西经济开发：史实与评价［J］．百色学院学报，2003，16（5）：15－23.

场对于锑的需求量大为增加，锑价出现猛增的情况，广西的锑矿快速发展，仅宾阳一县就有 10 家锑矿公司，整个广西地区出现了一股申请探矿以及采矿的热潮。除此之外，近代广西工业的发展也出现了电力的开发与使用，1914 年创办的南宁电力公司，从军政界招股集资 20 万元，在国外购置了成套的发电机设备，并且在南宁进行安装，正式投入使用。这一阶段广西经济的发展，较为安定的社会环境起到了一定的积极作用，为农业以及工矿业的发展提供了必要的保障。

3. 商业与对外贸易的发展

对广西地区的经济发展来说，由于工农业生产的停滞与落后，该地区的商业与对外贸易发展受到了严重的影响。这一点从税收方面能够得到充分的体现，尽管 1913 年南宁与龙州两关税钞相较于 1912 年有所增加，但是两关的收入总值还不到梧州关同期减收的六分之一。而在货币体系当中，为了更好地推动纸币的顺利流通，旧桂系的财政司命令所有钱粮关税必须征收银行兑换券，不得收取银毫。除此之外，由于受到赌博、鸦片以及娼妓等社会病态现象的影响，整个商业发展陷入停滞的状态，许多城镇出现了重消费、少生产的虚假繁荣现象，这就使对外贸易出现了连年入超的情况，对国计民生产生了严重的影响。而在官僚、军阀以及土豪劣绅生活腐化的情况下，整个广西地区大多数的消费品集中在少数人手中，这对商业的发展产生了十分不利的影响。而从对外贸易的发展来看，广西一直处于入超的地位，尽管在 1915 年、1917 年、1918 年以及 1921 年入超相对较少，但是对外贸易的规模一直较小，这一时间段入超降低也是受第一次世界大战的影响，当时欧美帝国主义无暇顾及中国市场。特别是在工农业生产停滞的情况下，军政开支的漫无限制，使广西省库处于严重亏损的境地，这对于经济的发展产生了极大的阻碍。

二、新桂系统治下的初步发展阶段

（一）新桂系时期的货币市场

旧桂系军阀集团在政治舞台消失之后，其所制定的货币政策并没有随之退出金融市场，纸币的连台戏依旧存在。在新桂系统治的初期，旧桂系军阀集团所推行的纸币政策仍然发挥着深远的影响。1921 年 2 月 15 日、19 日以及 3 月 16 日，在广西护军使陈炳焜的命令下，广西银行上海分行先后向上海商务印书馆订印了 500 万张 1 元票、200 万张 5 角票、500 万张 1 角票，票面金额达到了 650 万元。同年，商务印书馆实际的印出数额要小于既定数额，但是依旧达到了260万元①。但是，由于在1921年5月28日接到通知，要求上海商务印书馆将纸币原封保管，停止向政府交付此次订印的纸币。在新桂系统治初期，旧桂系的军阀依旧存在残余势力，林俊廷在占据柳州之后，自行印就总金额100万元的纸币，定名为广西银行通用券。由此可见，在新桂系统治初期，广西地区的货币市场存在严重的纸币混乱情况，比如在1922年桂林发行1元面额的军用券，使用之初还能够抵作36枚铜元或者3角的银毫，但是到了1923年的时候，仅仅能够抵作6枚铜元，同时还有继续贬值的情况。在1921年到1923年，桂军、粤军以及民军工发出了3 000万元以上的不兑现纸币，其所产生的严重后果，对广西经济的发展产生了巨大的影响。

表二　广西银行发行桂钞统计表

年份	1932	1933	1934	1935	1936	1937
数额（元）	4 248 881	6 071 010	6 346 987	17 156 029	35 383 396	62 366 091

资料来源：钟文典．广西通史：第三卷［M］．南宁：广西人民出版社，1999：252.

在新桂系统治时期，在改为法币本位之后，通过对桂钞的整顿，取消了广西银行的钞票发行权。在这种情况下，纸币的发行量不断增加，对当时社会经济的发展造成了巨大的阻碍。

（二）新桂系统治初期的各项建设

1. 整顿混乱的金融市场以及财政税收

广西地区地处西南边陲，其经济落后的局面长期存在，而财政方面也难以实现自给，特别是在20世纪初期，由于连年战乱的影响，整个金融财政处于混乱不堪的状况。在旧桂系政府垮台之后，其所发行的数千万纸币与军用券都沦为废纸，而一些投机分子趁机牟取暴利，将一些成色低劣的银毫投入市场当中，但是由于商民无法对其进行准确的辨认，大多拒绝使用。因此，在新桂系的统治初期，首先进行的建设就是金融财政的整顿。在金融整顿的过程中，通过统一流通货币，为社会经济的正常运行提供了一定的保障。1926年1月新桂系政府在梧州成立了广西造币厂，负责统一铸造以及发行广西嘉禾二毫银毫，改变了当时市场上各种形式不一的银毫的流通现状。同年5月广西银行总行在梧州成立，随后制定了相应的纸币政策，发行1角、2角、5角、

① 唐凌．论民国时期民族经济融合中的政府力量——对广西边疆稳定基本构成要素的新认识［J］．中国边疆史地研究，2006，16（2）：52－60.

1 元以及 5 元五种面值，共计金额为 1 700 万元。通过出台一系列的货币财政政策，原本混乱不堪的金融市场得以稳定，通过成立广西银行，逐渐对全省的金融进行了控制。而在金融市场得以稳定之后，新桂系政府开始进行财政税收的整顿，从 1925 年下半年到 1926 年，新桂系采取了初步的整顿措施，主要的手段是统一全省的财政收支。

2. 道路与通信产业发展

对于新桂系政府来说，其统治者比较富有远见以及进取精神，在其制定的各项建设当中，对于道路与通信产业的发展比较重视，认定通过改善交通，能够为财政的改进提供基础，通过改变落后的交通状态，能够为各项经济事业的发展提供便利的条件。但是当时广西地区仅有三段公路，全长不过 140 公里，同时三条公路之间没有实现连接，整个交通十分不便。因此，新桂系在确立广西的统治之后，将修筑公路当作经济建设的基础，开始组织力量进行全省公路交通建设的筹划。而在公路交通建设的同时，广西地区先后成立了许多官办路局与民办汽车路公司，同时拟订了 11 段公路的修筑计划，在这一过程中，民间团队发挥着巨大的作用，其参与热情十分高涨。比如在修筑贵县经兴业至玉林的民办汽车路时，采用的就是集资的方式，民间团队发挥了十分重要的作用。在此之后，新桂系又于 1926 年 6 月制订了修筑五大公路干线与一特别线的计划，从而满足当时的政治、经济以及军事发展的要求。

3. 强化实业发展

在新桂系统治初期，为了更好地振兴广西的地方经济，从而实现兵工自给，在进行金融税收整顿以及兴修公路的同时，当局积极推动广西实业的发展。首先新桂系政府通过对原有的广西官书局等工厂进行扶持，同时积极兴办更重近代化的工厂，在有充足资金的保证下，通过引进先进的设备以及生产技术，为广西经济的发展起到了巨大的促进作用。在这一阶段，新桂系政府对于民营企业的扶持力度增强，使烟草、火柴、织造、印刷以及锯木等企业兴办起来，比如在梧州先后兴办了广西制枧厂、利成药皂厂、香港永发印务公司梧州工厂等。对于这一时期的实业来说，相较于旧桂系统治时期，不管是在数量还是在规模上，都有了显著的提升，特别是在政府的鼓励下，民营工厂的工人数量甚至超过了省营工厂，从而在很大程度上推动了广西地区经济的发展。在电力行业，新桂系政府通过创办电灯公司以及电力厂，为城市照明提供了比较充足的电力，除去自备发电设备的工厂之外，其中大多数为商办电厂，仅有梧州电力厂与柳州电灯局为官办，而民办的则包括宜山太平电灯公司、南宁电力公司、百色日光电灯公司以及桂林电灯公司等。

三、新桂系统治下的四大建设阶段国民经济分析

（一）兑换券的盛行

1930 年新桂系东山再起之后，广西地区重新陷入了新桂系军阀的统治当中，尽管其标榜“三自”政策，即希望实现政治上的自治、军事上的自卫、经济上的自给，但是由于自身经济基础相对薄弱，工农业生产长期处于一个落后的状态，很难实现经济上的自给，财政赤字十分严重。而在这一阶段，桂系政府于 1932 年将广西银行复业，对省内的钱庄以及银号进行管制，也就使该地区的钱庄以及找换店数量锐减。广西银行为了强化对金融市场的控制，通过借助自身的一些“特权”，对资金不足的先天缺陷进行弥补，通过发行兑换券，大肆敛财①。

1936 年南京政府与美国签订《中美白银协定》之后，美国能够以 0.65 美元 1 盎司的价格从中国进行白银收购，同时法币与美元之间的汇率固定在 100 元法币等于 29.75 美元的水平上，使中国的货币制度成了美元集团的一员，这对广西地区的货币体系产生了很大的影响。尽管在以往的币制问题上，广西向来是我行我素、自成体系，但是随着南京政府控制力的不断提升，广西也被迫进行兑换券与法币的替换。而在广西银行发行兑换券初期，广西的物价处于一种相对稳定的状态，但是受到“六一运动”以及兑换法币的影响，两年内物价上涨了近一倍，对于当时经济的发展产生了十分不利的影响。在物价上涨以及通货膨胀的影响下，法币政策所带来的危害也就更加明显，这也就使一些面值较小的铜元逐渐退出了流通市场，从而出现了辅币短缺的情况。在这一阶段，为了更好地解决辅币短缺所带来的问题，桂系政府通过印制 5 角的国币作为辅币，对当时的货币体系进行完善。但是在通货膨胀的影响下，广西地区的国民经济早已陷入困境当中，四大建设时期所提出的诸多发展政策也无法得到有效的落实。

（二）四大建设时期的经济建设

1. 工业建设

从 20 世纪 20 年代后期开始，新桂系通过进行新式工厂的筹办，成立了诸如南宁制革厂、广西硫酸厂、柳州机械厂以及广西酒精厂等新式工厂，对工业的发展产生了一定的促进作用。但是受到蒋桂战争的影响，许多工厂遭到了严重的破坏，或停办，或停建，这对当时刚刚发展起来的工业造成了极大的打击。而从 1931 年开始，新桂系通

① 杨乃良．民国时期两广贸易交往及其对广西经济社会发展的影响［J］．广西社会科学，2001（1）：118－122.

过制订广西工业发展计划，逐步恢复了几家工厂，通过筹集社会资金以及发挥政府的优势，进行合办工厂，为工业建设提供了便利的条件。在这一阶段，新桂系首先通过强化省营工业，在对现有工厂进行整理改造之后，逐步增加资本，进行设备的引进与扩充，从而实现生产能力的提升，同时积极进行新工厂的筹备，到 1936 年之后，广西已经建成了 12 家省营工厂，包括广西硫酸厂、南宁制革厂、广西火柴厂、广西酒精厂、广西印刷厂、南宁染织厂、广西糖厂、广西制药厂、柳州机械厂、南宁机械厂、宾阳瓷器厂以及广西桐油厂。除此之外，新桂系还进行了诸多水电企业的建设，通过建设广西电力厂、贵县电力分厂、柳州电力分厂、龙州电力分厂、八部电力分厂、桂林电力分厂以及广西自来水厂、南宁自来水厂等，提高了居民的生活质量。在新桂系的工业建设方面，除去重视省营工厂的发展之外，还鼓励民营工厂的发展，这就使四大建设时期涌现出许多民营工业。民营工业的发展，主要集中在梧州地区，包括先后兴办的广西电池厂、华兴织造厂、广西帽厂、大东南印刷厂、华西工业社、梧州雪厂等。在民营工业的发展当中，土制炼油业成为重点发展领域，到 1932 年，梧州共成立了 24 家精制火油厂，资产最大的已经达到了 10 余万元。在新桂系的四大建设时期，通过兴办工厂，努力发展实业，积极引进生产设备以及生产技术，使广西地区的近代工业得到了一定的发展，但在鼓励民营工业发展的同时，新桂系不忘对民营工业进行吞并与掠夺，使民营工业的发展受到了严重的打击。

2. *矿业发展*

广西地区自古以来就有着丰富的矿藏，种类繁多，特别是金、锡、钨等矿藏产量十分丰富。尽管 20 世纪 20 年代后期新桂系已经着手进行矿产的开发，但是受蒋桂战争的影响，许多矿产开发工作停滞了。在 30 年代的四大建设时期，新桂系对于矿业在推动地方经济发展方面的作用有了更高的重视，希望能够通过矿业来推动外贸的发展，从而获取更多的财富。因此，新桂系对于矿业的重视程度很高，1931 年，广西省政府通过成立专门的地质小组，对全省境内的矿藏进行勘察，同时成立矿务局进行矿业开发与管理的领导。在矿务局的领导下，广西在钟山、百柳以及田阳等地进行办事处的设立，全省的矿产开发全面兴起。在进行矿业发展的过程中，首先针对自身丰富的锡矿进行开采。广西地区的锡矿主要集中在贺县、富川、钟山以及南丹一带，因此这些地方成了开发的重点。新桂系以钟山矿场为模范，从国外采购了先进的机械设备，同时引入新型的开采方式，为开采效率的提升做出了一定的贡献①。而在进行矿业发展的过程中，广西政府更多地采用官商合办的方式，通过筹集社会资本投入矿业发展中，降低政府的财政负担，同时鼓励民营企业开发矿业，允许海外商人进行投资采矿，这

---

① 杨乃良. 民国时期新桂系的广西经济建设研究（1925—1949）[D]. 武汉：华中师范大学，2001.

也在很大程度上推动了广西地区矿业的发展。

3. 交通里程的增长

从新桂系统治初期开始，广西就开始发展交通运输业，通过修筑公路，将柳州、桂林以及梧州等重要城镇相连接，形成了广西省内的公路网雏形，但是后期由于受到政局动乱等因素的影响，路政出现了停顿的情况，已经修建的路段也受到了严重的损坏。因此，在四大建设时期，新桂系将交通建设放在了经济建设的首要位置，同时进行河道疏浚，创办民航以及进行电话线的架设等。从1931年开始，广西省政府通过成立广西公路管理局，废除了以往分区设局的公路管理体制，负责进行全省公路的运营养护管理。而新公路的修建需要由建设厅统一实施，在公路建成之后，由交通管理局接管，负责后续的运营养护等。在广西公路管理局成立之后，首先进行旧路的修复，由于受到战争破坏等影响，广西省境内的多数公路存在比较严重的路基、路面以及桥涵损坏，整个交通陷入阻滞的状态。在进行公路修建的过程中，新桂系通过调派第四集团军1万余人，对柳州以及桂林等区域内的公路干线进行修复，然后由省公路管理局征调民工进行路段的改善与养护。在进行旧路修复与改善的同时，新桂系大力进行新路的修筑，新建公路的重点放在了桂西北以及桂西南地区，通过进行省道干线的修建，实现了公路里程的快速增长。

四、结语

在广西民国史中，货币与经济发展之间存在着一种必然的联系，在旧桂系陆荣廷统治时期，政府滥发货币，使整个金融体系陷入混乱，各项经济建设无法顺利开展；而在新桂系统治时期，通过进行金融整顿，统一货币，铸造发行统一成色的广西嘉禾二毫银毫，使整个金融体系得以稳定，为经济的发展做出了巨大的贡献，但是依旧存在货币系统混乱等不足；在四大建设时期，新桂系通过进行金融整顿，形成了自身的财政体系，实现了金融控制力的增强，同时也为地方经济的发展提供了保障，但这些都建立在对人民剥削的基础之上的。

（本文为广西钱币学会2017—2018年度学术课题学生研究项目结项成果）

货币视角下的广西民国军事

彭翠香

（广西师范大学历史文化与旅游学院）

摘要：民国时期的广西货币基本处于混乱的状态，纸币的流通时间由其依靠的政权的存在时间决定。纵观广西民国历史，广西先后由陆荣廷为首的旧桂系、军阀遍地的自治军和李宗仁、白崇禧为首的新桂系等政权把控。民国时代是战争的年代，军事战争不断，全力备战是常态，货币发行常带有军事目的。也正因此，民国时期的广西货币复杂，与军事战争有着千丝万缕的关系。

关键词：民国；广西省；军事；货币政策

广西民国历史大致可以分为三个时期，第一个时期是旧桂系主政时期，时间是1912年至1922年，这个时期广西的经济社会还算稳定；第二个时期是自治军时期，时间大致是从1922年至1925年，这一时期广西四分五裂，军阀遍地；第三个时期是新桂系治桂时期，从1925年直至广西解放，新桂系前期与蒋介石集团长期对峙，广西社会不稳定，后期与蒋修好，又进入了抗日战争时期，社会非常动荡。广西的货币历史相对应地也分为三个阶段，第一阶段较为稳定，第二阶段很混乱，第三阶段受军事战争的影响较大，为解决军费问题，政府滥发纸币，纸币贬值，通货膨胀严重。

一、旧桂系主政时期

辛亥革命时，陆荣廷利用广西的特殊情形，坐上了广西都督的交椅。通过迁省、扩军、镇压同盟会等民主革命派、征收翻摊捐、对外勾结直系势力等手段，形成了以他为首的旧桂系军阀集团，开启了对广西长达十年的统治。陆为了实现其在广西的独裁统治，扩充军队，排除异己，一方面增加苛捐杂税，另一方面滥发纸币，以维持其财政开支。

（一）军事行动与货币发行

陆荣廷上台后，陆续把广西银行的 136 万元资本提取殆尽。为了给繁重的军事开支开辟财源，于 1912 年 2 月设立财政司，1912 年 5 月，陆荣廷改组广西银行，总部设在桂林，在商业中心梧州设分行，并将清末广西银行已印就的纸币（如图一）尽数发行出去，四个月后，亦即 8 月才能兑换，称为延期兑换券。又于 1912 年赴沪赶印 5 角、1 角的纸币，共计 300 万元。1913 年陆荣廷又以本省纸币畅用不敷分布为由，与商务印书馆联系订印 1 元、5 元、10 元券共 1 200 万元，由于北京政府发现广西旧桂系滥发纸币，予以阻止，广西财政司只发行了 1 元、5 元面额纸币 700 万元，还有 10 元面额纸币未面世。1913 年年底将库存银两券 200 多万元发行一空，还在省内广华印刷厂印制 1 角、5 角的辅币 300 万元。辛亥革命后，就任广西都督的陆荣廷急不可待地在广州设置经理转运所的专门机构，先行向商号筹借 5 万银两，沿用广东印模，每日搭铸 4 000 元，每月搭铸 12 万元。自 1912 年 9 月 1 日起开始搭铸，截至当年 12 月 20 日，共铸 2 角银毫 199.3 万枚，折合银圆 39.86 万元。1913 年 9 月 14 日，陆荣廷又咨请广东都督，再次要求搭铸银毫，并将搭铸额提高为每日 2 万元，为期一年，共铸 600 万元，得余利 20 万元左右。[①]

图一　民国元年广西银行一元纸币

（图片来源：钱币广场，http：//193.112.241.53/gcjp/sxqbbwg/gxqbbwg_gxlshb/mggxzb/jgxsq/.）

1916 年，袁世凯公开破坏民主，在“举国拥戴”下称帝，引起了全国人民的反对，于是反袁风暴兴起。蔡锷、唐继尧宣布云南独立，直系和梁启超也劝陆荣廷起兵反袁，陆于 3 月 11 日出兵柳州，宣布独立。15 日，宣布广西独立。4 月 18 日，滇、黔、桂、粤 4 省都督通电讨袁，“护国战争”爆发。1916 年 6 月，陆荣廷以湘、粤、桂

① 郑家度. 广西近百年货币史［M］. 南宁：广西人民出版社，1981：85－91.

联军总司令的名义率军进攻湖南，6 月 6 日，袁世凯在众叛亲离中死去。陆荣廷入驻广州，任广东都督职，至此桂系迎来兴旺发达的巅峰时期。风起云涌之时，军事费用开支增大，纸币发行数量更为惊人，广西的商业中心梧州，纸币出现了贬值，从九八折至九五折不等。1917 年护法军兴，孙中山要求陆荣廷为反段护法。全国人民强烈反对复辟帝制，反对独裁专制，拥护民主共和。陆荣廷被迫护法。1918 年历经一年的护法运动宣告失败，陆荣廷被任命为军政府七总裁之一，增印纸币可不再经任何请示。据广西财政厅长崔肇琳呈报中的说明，1918 年共印面额 1 元、5 角、1 角券 860 万元，除将 1 元券分发桂、柳、玉、龙分行各 100 万张外，其余运往梧州广西银行存库。[①] 民国七年（1918），陆荣廷在南宁设铜元局，次年改为广西造币厂，从广东运来铸币机器，铸造银币。

旧桂系入粤之后，贪婪残暴，枪杀滇军将士，大肆搜刮民脂民膏，广东人民怨声载道，也引起了桂滇两系之间的矛盾。1920 年 6 月，孙中山命令驻闽粤军返粤，此外，孙又利用旧桂系与滇、黔、湘等军阀的矛盾，希望他们共同出师讨桂，驱逐旧桂系军阀。为免除粤军回师广东的后顾之忧，还利用直皖矛盾，接近皖系，争取皖系支持粤军的行动。粤军入粤之后，势如破竹，连攻多城。广东人民因对旧桂系的所作所为愤恨已久，纷纷响应，在后方提供物资，学生罢课，工人拒绝为桂军运载士兵和物资，旧桂系很快便败回广西，结束了旧桂系在广东的四年统治。1920 年前后，军事摩擦导致了政治冲突，政治冲突又引爆了经济危机。1920 年 2 月 26 日，广西银行经理范元茂拟赴广东造币厂搭铸银毫，用以充实发行纸币的兑换基金。但广东督军、省长拒绝搭铸，以致广西银行在陆荣廷政权崩溃时，因发生挤兑纸币无法应付而倒闭。1921 年 1 月，陆荣廷被北京政府任命为广西边防军务督办，陈兵粤桂边界，伺机反扑。1920 年 12 月 2 日，在上海运回面额 1 元纸币 300 万张，面额 1 角纸币 1 000 万张，共计 1 300 万张，总金额 400 万元。1921 年 4 月 8 日，又运回面额 5 角纸币 400 万张，总金额 200 万元。[②] 1921 年孙中山发起“援桂讨陆”战争，粤军中路进包梧州，说服梧州守将刘震寰作内应，用 10 万元港币将韦荣昌收买，韦荣昌随后宣布脱离桂系独立，粤军中路打开了广西的大门。陈炯明率粤军入桂后，带来一批广东 5 分镍币，在梧州、玉林、百色、南宁一带流通，随军使用。旧桂系内部四分五裂，阵前倒戈，陆荣廷败局已定，7 月 19 日在南宁通电下野。在现金准备不足的情况下发行如此多的纸币，必将引起纸币的贬值，陆荣廷下野后，纸币使用价值只值面额的五折，直至后面变成一文不值的废纸。

---

① 郑家度．广西近百年货币史［M］．南宁：广西人民出版社，1981：92.

② 郑家度．广西近百年货币史［M］．南宁：广西人民出版社，1981：93.

（二）旧桂系治桂时期货币的特点及与军事之间的关系

1. 旧桂系纸币的特点

（1）旧桂系集团印制发行的纸币等级少、面额小。十年来只有 1 毫、5 角、1 元、5 元四个等级，最大面额只有 5 元。当时的广西小农经济占主导地位，工业贸易不发达，市场交易所需纸币面额不大，易被人们接受。并且由于其面额小，即使增发不少纸币也不易被发现，为旧桂系滥发纸币提供了机会。据记载，旧桂系为了维持军需以及奢侈挥霍，发行的各种面额纸币，有案可查的共计 2 510 万元，连同广西官银钱号印制发行的 313 万元，总计 2 823 万元……发行实计 2 743 万元。按当时全省总人口约 900 万人计算，平均每人摊派 3 元多。①

（2）纸币发行单位单一。旧桂系多年来印制的纸币皆为旧桂系政府下的广西银行发行，没有其他银行和发行机构。

2. 旧桂系货币与军事之间的关系

（1）发行纸币是填充军费的主要手段。广西经济发展落后，传统小农经济占主导，而旧桂系为了扩充势力，势必要增强军事实力。清末军政开支的外省协饷逐渐减少，若庞大的军费开支没有外省的支持，广西有限的农业经济实力难以实现军需自给。陆氏政府为维持军需，印发纸币看起来就是一个解决问题的捷径。所以，每当有重大战事来临之时，纸币增发数量就十分惊人。

（2）政权稳定是货币币值稳定的基础。旧桂系前期发行的纸币尚能按照面额十足通用，到了旧桂系溃败时，纸币跌至四五折。可见，储备金不足的纸币要想得以在社会畅用，需要强大的政权支撑，一旦政权垮台，纸币也将随之消失。

（3）货币政策独立与否关乎政权的生死存亡。广东是最早铸造银毫的省份，广东人民已经习惯使用银毫作为交易媒介。两广唇齿相依，经贸往来频繁。广西与广东的经济贸易中，长期入超，广西也使用银毫以便用于贸易支付与结算。在一定程度上，广西处于广东经贸的附属地位，银毫甚至被用作广西银行的储备金，广西方面长期赴广东搭铸。1920 年爆发“驱陆”风潮时，广东方面拒绝搭铸银毫，广西银行因无法兑换而倒闭，旧桂系集团失去广西银行的支撑，加速了溃散。

① 郑家度. 广西近百年货币史［M］. 南宁：广西人民出版社，1981：93.

二、混乱的“自治军”时期

（一）军事行动与货币发行

广西基本被平定后，孙中山以大总统身份来到桂林，在今广西师范大学内宣誓，筹划北伐。批准从广东调拨一批5分镍币，解决广西财政亏空、军政费用短缺的问题。在北伐大本营金库设立“代理省立广东银行兑换处”，设法处理旧桂系滥发纸币留下的烂摊子。随着旧桂系政权的铲除，孙中山任命马君武为省长来桂主持政务。陆荣廷离桂时把财政金库席卷一空，而当时散落各地的旧桂系各部又随意印发纸币。面对金融市场非常不稳定、财政收支十分不平衡的窘境，马君武自印广西军用票，印制30万张，金额面值1元，总计30万元。[①] 粤军离桂后，马君武在梧州通电辞职。

孙中山发动的“援桂讨陆”战争瓦解了旧桂系政权，但没能彻底肃清旧桂系的军事武装力量。连年兵乱，各路自治军蜂起，广西人民还没从战争蹂躏中缓解过来，又陷入了战乱的深渊。盘踞柳州的旧桂系军阀林俊廷自称广西自治军总司令，自制广西银行通用券，面额有1毫、1元，发行不到半年就成了不值钱的废纸。1922年，在南宁自称自治军旅长兼广西省长的蒙仁潜也发行了1元军用票总计30万元。蒙仁潜还派人到上海，洽谈提取旧桂系印就的纸币，想提取这批纸币的还有在梧州自称广西省长的杨愿公，均被上海商务印书馆拒绝。1927年，这批纸币直到新桂系执掌广西后在白崇禧指示下就地焚烧。1922年，沈鸿英败退到湘桂边境，地方豪强梁华堂进驻桂林，自称广西公民自治军临时总司令，成立桂林地方银行，由市商会和各法团担保，发行纸币。次年沈鸿英回到桂林，梁退出桂林，梁发行的纸币遂不再流通。旧桂系力量中最强大的一支——沈鸿英部，在军政费用支出管理上，也效法陆荣廷，在桂林大量印发军用券，面额有1毫、5角、1元、2元、5元等，还在柳州增发铜元券。1922年沈鸿英在梧州设立总司令部，1923年3月滥铸、私铸劣质银毫，版式、花纹仍仿广东省铸造的东毫，只是比东毫略轻，银色亦稍差。1922年陆荣廷在旧部林俊廷、韩彩凤邀请下回到龙州，通电就职广西边防督办，印制广西银行纸币，俗称边防票。南宁的刘日福在达时印务公司印制数量不详的通用券，逼迫百姓使用。1924年冬，原在南宁自称广西总司令的林俊廷败退钦廉后，也自设防区，自铸银毫。时任广西省长的张其锽筹资150万元计划开设银行，兑换收回旧桂系军阀发行的纸币。但不仅未能实现收兑，还增发了不少纸币，直至张其锽离职，把已印就而未发行的纸币交与新桂系。与此同

---

① 郑家度. 广西近百年货币史［M］. 南宁：广西人民出版社，1981：95.

时，在军阀割据的一片混乱中，地方豪绅也不甘落后，设厂私铸劣质银毫，倚仗势力，强迫百姓使用。

（二）自治军时期货币的特点及与军事的关系

1. 自治军时期货币的特点

（1）纸币混乱，币种繁多。各个自治军倚仗军队势力，在自己占领的区域内发行纸币。除了孙中山任命的省长马君武发行 1 元军用票外，还有占据南宁自封省长的蒙仁潜、林俊廷，印发广西银行通用券；先后占领贺州、桂林、梧州、柳州等地的沈鸿英，发行广西银行券、广西临时军用票；占据桂林的梁华堂印发桂林地方银行券；被北洋政府任命为省长的张其锽发行了广西省银行券；接受北洋政府任命，在龙州就职广西边防督办的陆荣廷发行边防票。广西四分五裂，各地武装队伍各自乱印乱发。

（2）任意印发，币值下跌。划地而治的自治军不顾市场经济的需求，在各自区域内任意乱发，发行不久币值即下跌。据记载，1921 年至 1923 年，粤军、桂军、民军发出的不兑现纸币，总计在 3 000 万元以上，按当年全省总人口平均每人摊派将近 4 元。① 人民财产遭受损失，经济遭到破坏。

2. 自治军时期货币与军事的关系

纸币流通区域与各军阀的势力范围吻合。旧桂系残部把广西弄得四分五裂，广西处于无政府状态，各个自治军虽然名义上成立了联合自治委员会，但依旧是划地而治。各军阀在所占区域滥发纸币，逼迫其所控制下的人民使用。

三、新桂系统治时期

从 1925 年开始至 1949 年解放，新桂系统治广西 25 载，势力范围一度达到中原地区。新桂系长期与蒋介石集团斗争，法币得以在广西推行也是二者相斗、新桂系战败的结果。

（一）军事行动与货币发行

孙中山发起“援桂讨陆”期间，李宗仁、白崇禧、黄绍竑分别在玉林、百色脱离陆荣廷集团。在陈炯明粤军退出广西后，旧桂系残余部队以自治军自称，蜂起蚁聚，李宗仁在玉林也自封“广西自治军第二路总司令”。1921 年 7 月，黄绍竑、黄旭初、白

① 郑家度．广西近百年货币史［M］．南宁：广西人民出版社，1981：98．

崇禧在百色与马晓军团长宣布投靠广东革命政府，因而被陆荣廷残部攻击。1922 年 5 月，黄绍竑以统领名义率该部千余人辗转至容县归附李宗仁，李部实力大增。1923 年夏，黄绍竑为寻求向外扩张，通过在广州医治脚伤的白崇禧的斡旋，被孙中山委任为“广西讨贼军第一军”军长。不久，李宗仁部在玉林改称“定桂军”，1923 年 10 月，“讨贼”“定桂”两军夹击盘踞西江沿岸的陆云高部。其后，“定桂军”袭取贵县、桂平，“讨贼军”攻占平南、江口。广西形成陆荣廷、沈鸿英、李宗仁、黄绍竑四雄并立的局面。1924 年 4 月，沈军与陆荣廷部在桂林激战，同时袭击柳州。李、黄抓住时机，发动倒陆战争。趁陆部兵力支援北线时，李、黄攻占了南宁，北京政府任命的张其锽自动辞去广西省长一职。黄绍竑部进入南宁后，为了解决军饷，立即恢复广西造币厂，铸造币面有嘉禾花纹的双毫，通称嘉禾毫或西毫。因品相不佳，在省内大部分地区遭到拒用。陆荣廷部节节败退，最终被迫在湖南永州通电下野。驻粤桂军刘震寰想趁机坐收渔利，联合驻粤滇军范石生共同离粤，刘震寰派其弟弟去向滇军唐继尧请求出兵助其返桂，遭到广东李济深的反对和李白黄的积极抵制，刘被迫停止回桂主政的活动。沈鸿英看刘、范二人迟迟没有行动，亦派人到云南请兵作战。1924 年滇军唐继尧派龙云、唐继虞兵分两路，进入广西，随军携带了一批含银量较低的 5 角和 2 角银毫，在南宁和柳州等地强迫使用。1925 年春，在粤军李济深师的支援下，李宗仁仅以一万余人之兵力，痛击沈鸿英部，并把滇军驱逐出桂，从而统一了广西全省，为新桂系日后的发展奠定了基础。

新桂系军阀集团的理财方法一是遍设关卡，增加税收，横征暴敛；二是成立广西造币厂和广西银行，自铸银毫，自印纸币。广西造币厂 1925 年筹建于梧州，1926 年 1 月正式开工，铸造嘉禾双毫。1925 年由财政厅发行兑换券。1926 年 5 月，广西银行成立后，财政厅发行的这批兑换券与银行发行的兑换券同时等价混合使用。1926 年，在上海商务印书馆印制纸币 1 000 万元，1927 年又在上海商务印书馆印制纸币 600 万元，1928 年内，再在上海商务印书馆增印面额 1 元、5 角、1 角券和大面额的 25 元券（“念伍圆”），总金额 800 万元。截至 1928 年底，实际发行 13 058 278 元。①

经过北伐战争后，新桂系集团名声大振，实力迅速增强。1929 年春，蒋介石在南京召开编遣会议，意在削减地方军阀的势力，蒋、桂之间的矛盾加深。1929 年 3 月，蒋桂战争爆发。是时，新桂系在武汉屯集重兵，与蒋介石势均力敌。蒋介石收买了新桂系内部将领，新桂系主要将领李明瑞、杨腾辉阵前倒戈，新桂系战败，李宗仁、白崇禧被迫先后逃往香港。新桂系溃散时，发生了银行兑换券挤兑风潮，广西银行倾其所有，也只能兑换收回一小部分，终因无法应付挤兑而倒闭。1930 年，蒋、阎、冯、

① 郑家度. 广西近百年货币史［M］. 南宁：广西人民出版社，1981：102.

桂中原大战爆发，新桂系集团和张发奎部决定全力出湘，企图攻占武汉，问鼎中原。出师时，打开广西银行仓库，将已印就的面额 1 元、5 元纸币，在背面加盖四方红印，随军使用，这批纸币也被称为“八省大洋券”。广西工农业生产落后，频繁的军事行动使得军费开支浩大，给财政带来巨大的压力，因而不可避免地出现财政赤字。1931 年 8 月，新桂系省政府迫不得已向粤商兴诚信公司借款 100 万元，亦发动各县乡士绅借款协饷。新桂系省政府抢在广西银行复业前，发行省金库券，在当时银根枯竭的情况下，颇受商民欢迎，市场流通畅用。

蒋介石中原大战胜利后，滋长了企图利用“约法”出任总统的野心。国民党元老胡汉民反对“约法”而被蒋软禁，导致拥胡的陈济棠反蒋。1936 年 6 月 1 日，陈济棠联合李宗仁、白崇禧做出反蒋决定，史称“六一运动”。但陈济棠只愿意提供 100 万两军费，其余由广西方面自行解决。广西桂系政府不断透支广西银行余额，只能用增加发行兑换券数额的方法填补这个窟窿。当年 6 月底，兑换券发行总额达 35 383 396 元 2 角，比上年底又增加一倍多，而到年底，发行实际再增为 62 356 091 元 2 角，比上年底增加将近三倍。① 桂系调集重兵于湘桂边境与粤桂边境，蒋桂双方剑拔弩张，随时有可能开启大战。蒋介石经中间势力调和，加之在共产党倡导的一致抗日号召下，蒋桂双方妥协言和，息兵休战。“六一运动”和平解决，李、白都在南京政府担任要职，因而对法币就没那么排斥，广西银行用将近 7 000 万元兑换券收兑、换法币，为法币在广西的推行打开绿灯。

蒋桂双方重修旧好，1937 年南京政府下发了《整理桂钞办法》《维持广西金融六条办法》后，广西彻底变为法币流通的区域。在一系列“办法”颁发之后，法币真正变成全国的“法定货币”。法币逐年增发，通货膨胀严重，金融货币市场紊乱，人民生活困难。直至广西解放、人民银行建立，金融货币才逐渐稳定。

（二）新桂系时期纸币的特点及与军事的关系

1. 新桂系纸币的特点

（1）面额较大。新桂系掌政以来，在法币未进入广西流通之前，发行的纸币面额与旧桂系时期相比较大，面额最大的民国十七年版的 25 元，纸币正面右侧印刷“念伍圆”。

（2）币值不稳。新桂系在政权未建立之前，采用银毫作为货币发行的储备金，在发行之初币值尚且稳定。在政权稳定后，新桂系发行货币的储备基金由银毫变成了纸币，加之军备竞赛，军需膨胀，纸币滥发，结果引起币值的不断低折。纸币与东毫的

---

① 郑家度. 广西近百年货币史［M］. 南宁：广西人民出版社，1981：117.

比价由 1926 年新桂系集团初建时的九折降到 1928 年筹备蒋桂对战时的七折。①

2. 新桂系纸币与军事的关系

高额的军费开支是割据一方的代价。北伐战争打响了新桂系的名声，确立了新桂系新兴军阀集团的地位，其势力扩充到了中原地区。新桂系的崛起引起了蒋介石的忌惮。从 1929 年第一次蒋桂战争至 1936 年“六一运动”的结束，为期八年的蒋桂对峙中，桂系政府不断补充军事力量以备战。为保持强大的军事实力，需要巨额的军事物资支持，庞大的军需消耗在持续增长，财政与货币都带有明显的军事性。1936 年新桂系决定与蒋介石集团全力火拼，三军未发，粮草先行。1935 年广西银行向美国钞票公司香港分公司前后两次订印本位币券，亦即以小洋为本位，共计 7 000 万元。② 又向香港新华印刷公司订印辅币 1 角券，原订印制 5 000 万张，实际印成 3 950 万张，共计 395 万元。③ 1936 年桂系政府发出的纸币是 1935 年发行的 3 倍。④ 不顾客观经济规律而滥发纸币，结果只会引起货币贬值，通货膨胀，造成社会经济破坏，人们生活也因此受到牵连。

四、结语

从国家职能的意义上说，货币发行机构是属于政治范畴内的概念，即通过货币发行与流通的职能，来支持、实现统治阶级意志。因此，货币的需求量是由社会经济的客观状况决定的，但对于实际行使职能的统治者而言，无时无刻不想借其之力控制社会经济。民国时期的广西军阀们发行如此多的钞票，广西银行的现金准备却少得可怜，这在军阀统治的旧中国只有靠刺刀才能维持。然而客观经济规律的作用不是刺刀所能阻挡得了的。单纯考虑军事政治枉顾经济运行规律，不尊重民意，政府通过强力发行货币最终换来的是纸币低折、通货膨胀。

（本文为广西钱币学会 2017—2018 年度学术课题学生研究项目结项成果）

---

① 龙刚家，张世铨．广西历史货币［M］．南宁：广西人民出版社，1998：38.

② 郑家度．广西近百年货币史［M］．南宁：广西人民出版社，1981：113.

③ 郑家度．广西近百年货币史［M］．南宁：广西人民出版社，1981：113.

④ 郑家度．广西近百年货币史［M］．南宁：广西人民出版社，1981：117.

沈鸿英发行货币考述

毛明霞

（广西师范大学历史文化与旅游学院）

摘要：民国时期，广西军阀为了扩充地盘，争夺势力范围，四处招兵买马，并趁机大肆铸造机制币，发行纸币。沈鸿英作为旧桂系军阀中的主要力量，长期盘踞梧州、柳州、桂林一带，进而窥视广东。为了壮大势力，沈鸿英利用军事力量铸造机制币，发行军用券。研究沈鸿英发行货币，有利于进一步研究近代广西货币历史，了解广西近代金融的现代化进程。

关键词：沈鸿英；机制币；军用券；广西

1921 年，陆荣廷下野，广西进入自治军时期，各路军阀占地为王，擅自发行军用券、机制币，广西的货币体系进入混乱时期。沈鸿英本是绿林出身，因投靠陆荣廷起家，在陆荣廷下野之后伺机取而代之。为此，沈鸿英游走于吴佩孚和孙中山之间，企图借用吴佩孚和孙中山的力量称霸广西，进而占领广东。为了筹集军费，沈鸿英先后在桂林、柳州发行临时军用票，并在梧州铸造机制币。沈鸿英发行的军用票贯穿了整个自治军时期，包括了以个人名义和广西银行名义发行的纸币。其发行的军用票种类多样，在桂林、柳州、贺州、梧州等地均有实物发现。通过对沈鸿英发行货币的研究，有助于探析自治军时期广西混乱的货币体系。

一、沈鸿英发行货币的概况

（一）沈鸿英印行的纸币

陆荣廷下野后，沈鸿英受到粤军的排挤，不得已流窜于湖南、江西一带。此时湖南、江西一带属吴佩孚统辖，吴佩孚窥视广东已久，“为了利用沈鸿英进取广东，1922

年 6 月将其部收编为陆军第 17 师，委沈为师长”[①]，并由北洋政府授予沈鸿英“协威将军”头衔，令其攻打广东。沈鸿英见广东重兵防守，而广西东北部无强大的部队，于 10 月返回广西，占领了贺县（今贺州市）、平乐、桂林、阳朔、荔浦、修仁、鹿寨等地。回到桂林后，沈鸿英收编了旧部梁华堂的军队，自称广西临时总司令，利用梁华堂的印钞机器，以广西银行名义在桂林印刷纸币。开银行、印钞票，以数寸花纹之纸，换盈千累万之金是当时各路军阀奉行的理财政策之一，善于做无本生意的沈鸿英也不例外。其时沈鸿英效仿陆荣廷的纸币政策，大量印刷军用钞票，随军行使。沈鸿英在桂林印一毫、五角、一元、二元、五元五种纸票，但至今未发现五角券实物。沈鸿英在桂林印制的纸币背面，大多数加盖椭圆形红色图章，章文为“广西银行”，有些盖桂林广西银行图记红色圆形图章，如图一的一元纸币。

图一　沈鸿英在桂林印制的一元纸币

（图片来源：龙刚家，张世铨．广西历史货币［M］．南宁：广西人民出版社，1998：282.）

1922 年 11 月，沈鸿英的部下何才杰占领柳州一带，沈鸿英又打出“协威将军”头衔，在柳州印制发行“广西临时军用票”，以维持其两万余人部队的军队开支。[②] 沈鸿英在柳州共发行一角、二角、五角、一元、五元、十元六种军用票，此次发行的军用票没有使用银行的名义发行，而是以沈鸿英个人的名义发行。

---

① 周亚平．大对局：桂系军阀全传［M］．北京：团结出版社，2002：125.

② 龙刚家，张世铨．广西历史货币［M］．南宁：广西人民出版社，1998：129.

图二　沈鸿英在柳州印制的一元军用票

（图片来源：龙刚家，张世铨．广西历史货币［M］．南宁：广西人民出版社，1998：288.）

由于《广西历史货币》对沈鸿英在桂林和柳州发行的纸币和军用券已经做了详细的描述，在这里不再赘述，现将《广西历史货币》收录的货币版式列入表一。

表一　沈鸿英发行的纸币和军用券

序号	面额	尺寸［长×宽（mm）］	印刷地	颜色	图案（正面）
1	一毫	106×66	桂林	正背面皆为墨绿色	花心圆形图记
2	一元	125×74	桂林	正背面皆为黑色	椭圆葵花图案
3	二元	130～142×82～86	桂林	画面皆黑褐色	十字花图案
4	二元	130～142×82～86	桂林	面纹紫褐色，背蓝黑色	十字花图案
5	二元	130～142×82～86	桂林	面纹褐色	十字花图案
6	二元	130～142×82～86	桂林	面纹褐色，背纹紫色	十字花图案
7	二元	130～142×82～86	桂林	面纹紫色，背纹黑色	十字花图案
8	五元	134×87	桂林	正面紫色，背面蓝灰色	长方形五花组合图案
9	五元	134×87	桂林	正面棕黄色，背面青蓝色	长方形五花组合图案
10	五元	134×87	桂林	正面黑褐色，背面青蓝色	长方形五花组合图案
11	五元	134×87	桂林	正面淡紫色，背面蓝灰色	长方形五花组合图案
12	一角	101×61	柳州	正面青色，背面绿色	圆形附耳图案，梧州港景观
13	二角	114×66	柳州	正面棕黄色，背面绿色	圆形附耳图案，梧州港景观
14	五角	113×59	柳州	正面土黄色，背面蓝黑色	椭圆形图案，梧州港与铁路景观

（续上表）

序号	面额	尺寸［长×宽（mm）］	印刷地	颜色	图案（正面）
15	一元	131×78	柳州	正面绿色框架，淡黄底纹，背面胭脂红色	椭圆形图案，梧州港与铁路景观
16	五元	140×83	柳州	正面棕黄色，背面绿色	椭圆形图案，梧州港与铁路景观
17	十元	159×86	柳州	正面蓝色，背面血红色	椭圆形图案，梧州港与铁路景观

资料来源：龙刚家，张世铨．广西历史货币［M］．南宁：广西人民出版社，1998：127－129．

《广西历史货币图集》收录的广西一仙铜元券上带有沈鸿英印，应为沈鸿英在柳州发行的铜元券。一仙铜元券如图三所示，正背面均为黄色，正面中心印一仙篆书面值，下印民国十一年十二月发行纪年，盖红色沈鸿英印小方章；四周连弧纹边框，背面多角椭圆形图案。

图三　沈鸿英发行的一仙铜元券

（图片来源：桂林钱币学会．广西历史货币图集［M］．桂林：广西师范大学出版社，2003：76.）

《广西近百年货币史》一书中认为同年沈鸿英在柳州还印发了铜元券，“面额有 10 枚、20 枚、50 枚、100 枚等 4 种”①，桂林钱币学会在临桂五通征集到一张面值 20 枚的广西临时军用铜元券，证明了沈鸿英在柳州印发铜元券的史实。20 枚铜元券为长方形版式，正面颜色为浅绿色，背面为蓝黑色。正面上印广西临时军用铜元券，中心为铜元贰拾枚，背面中央加盖协威将军黑色方章，与临时军用票加盖红色方章不同。

① 郑家度．广西近百年货币史［M］．南宁：广西人民出版社，1981：96.

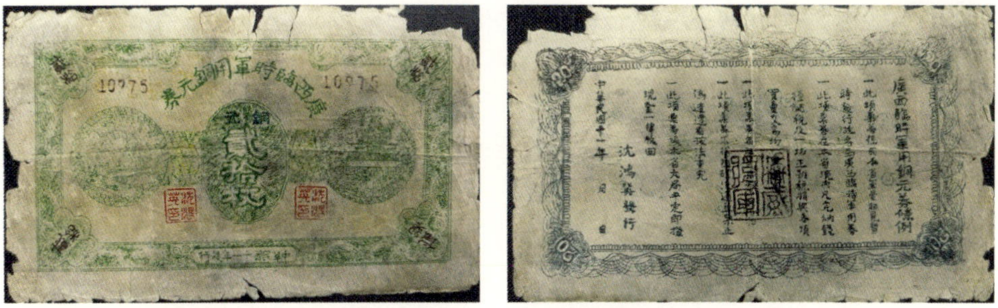

图四　沈鸿英发行的 20 枚铜元券

（图片来源：桂林钱币学会收藏，阳小军拍摄）

1923 年，“沈鸿英在梧州设造币厂，铸造 2 角银币，并发行军用券 5 万元。”① 这里所指的军用券应该是在梧州印制的，但目前尚未发现货币实物。

沈鸿英发行的纸币以军用票为主，面额从一仙到十元，发行时间集中在民国十一年（1922），其形制均为长方形横版，票面颜色、花纹、文字、背景图案随面值的变化有所不同。据《广西历史货币》图录和《广西历史货币图集》收录的军用券来看，沈鸿英在桂林印制的军用券计有一毫、一元、二元五式、五元四式四种；在柳州印制的军用券计有一仙、一角、五角、一元二式、五元二式、十元六种。除此之外，沈鸿英在柳州还发行了面额 10 枚、20 枚、50 枚和 100 枚的临时军用铜元券。

沈鸿英在柳州印发的军用券均以“协威将军”名义发行，加盖个人印章。沈鸿英在桂林印制的军用券以广西银行的名义发行，背面盖红色广西银行椭圆形章，其中一元、二元、五元加盖广西银行和总经理印方章。为了在特定的地区控制流通，有些军用券的背面盖有当地政府的印章。

（二）沈鸿英铸造的银毫、镍币

沈鸿英重新回到广西，在梧州设司令部，并于 1923 年 3 月在梧州锁龙镇造币厂铸造银毫和半毫镍币。沈鸿英铸造的银毫“式样花纹仿同广东省铸造的东毫，只是每枚仅重 1 钱 2 分 4 厘，比东毫轻 2 分，银色亦稍差”②。沈鸿英在梧州铸造的银毫属于民国十二年版银毫，如图五所示，币面皆由珠环隔成内外两层，正面的内层中心为小珠点，四方散布“二毫银币”四字，对读；左右各一朵四瓣小花将币面分为上下层，外层上列中华民国十二年，下列广西省造。背面的内层为双钩体 20 面值；左右各一朵五瓣小花将

① 广西壮族自治区地方志编纂委员会．广西通志·大事记［M］．南宁：广西人民出版社，1998：137．

② 郑家度．广西近百年货币史［M］．南宁：广西人民出版社，1981：59．

币面分为上下层，外层上为“KWANG - SI PROVINCE”，下为“TWENTY CENTS”。

图五　沈鸿英发行的二毫银币

（图片来源：桂林钱币学会. 广西历史货币图集［M］. 桂林：广西师范大学出版社，2003：36.）

沈鸿英驻扎广州期间，见到了广东省铸造的半毫镍币，便让梧州造币厂在制作银毫的同时，仿制半毫镍币。所以沈鸿英铸造的“‘广西省造·半毫镍币’与广东民国十二年‘半毫镍币’的版面构图纹饰十分相似”①。目前发现沈鸿英铸造的半毫镍币有一种二式：Ⅰ式，如图六所示，为纯镍质镍币。币面由珠环隔成内外二层，正面的内层中心为小珠点，四方散布半毫镍币四字，对读；左右各一朵小九角太阳花将币面分为上下层，上为“中华民国十二年”，下为“广西省造”。背面的内层为双钩体 5 面值，其两侧饰两束嘉禾纹；左右两边各一朵六瓣小花将币面分为上下层，上列“KWANG - SI PROVINCE”，下列“FIVE CENTS”，“径 19. 52 毫米，厚 1. 5 毫米，重 2. 4 克”②。

图六　沈鸿英发行的纯镍质镍币

（图片来源：桂林钱币学会. 广西历史货币图集［M］. 桂林：广西师范大学出版社，2003：38.）

① 龙刚家，张世铨. 广西历史货币［M］. 南宁：广西人民出版社，1998：152.

② 龙刚家，张世铨. 广西历史货币［M］. 南宁：广西人民出版社，1998：151.

Ⅱ式，如图七所示，为红铜芯包镍镍币。正背面的图案及文字与Ⅰ式完全相同，“径 19.6 毫米，厚 1.2 毫米，重 2.45 克”①。

图七　沈鸿英发行的红铜芯包镍镍币

（图片来源：桂林钱币学会．广西历史货币图集［M］．桂林：广西师范大学出版社，2003：38.）

二、沈鸿英发行货币的特点

（一）纸币发行量大而复杂

1922 年，沈鸿英先后在桂林与柳州印制纸币发行，其币种与形式较为多样，具体发行的数量已无可查证，但从现在收集到的纸币来看，发行量与次数应不止一次。

另外，《广西历史货币图集》收录的沈鸿英在柳州发行的军用券中，一元颜色为正背面绿色，其余与《广西历史货币》图录中的一元一致；五元正面棕黄色，背面胭脂红色，其余与《广西历史货币》图录中的五元一致。

沈鸿英的旧部梁华堂在 1922 年进入桂林，“印发桂林地方银行三百万元”②；同一时期占据柳州的林俊廷发行了广西银行通用券，“第一次发行总金额 100 000 元”③。沈鸿英进驻桂林后，使用梁华堂在桂林的印刷厂印发纸币。《广西通志·金融志》一书中认为沈鸿英在桂林“以其个人名义发行‘广西临时军用票’300 万元，面额有 10 元、5 元、1 元、5 角、1 角 5 种”④。从《广西历史货币》与《广西历史货币图集》收录的军用券来看，并未发现沈在桂林印刷十元的纸币，只能将《广西通志·金融志》的说法作为参考。“纸币上的冠号是用来记录纸币发行序列的编号，具体而言，它是用于表

---

① 龙刚家，张世铨．广西历史货币［M］．南宁：广西人民出版社，1998：151.

② 郑家度．广西金融史稿：上［M］．南宁：广西民族出版社，1984：201.

③ 郑家度．广西金融史稿：上［M］．南宁：广西民族出版社，1984：202.

④ 广西壮族自治区地方志编纂委员会．广西通志·金融志［M］．南宁：广西人民出版社，1994：31.

示各种票券印制数量，标记钞票的印刷批次、印制厂别以及使用范围等”[1]，由于沈鸿英发行货币的总量无从考证，只能从编号之中估计其发行纸币的大概数目。根据《广西历史货币》与《广西历史货币图集》收录的纸币来看，沈鸿英在桂林发行的军用券除一毫纸币未使用编号外，一元、二元、五元均使用编号[2]。一元券使用十位编号，二元、五元用百位编号，其中五元券编号“加盖的红色号头用的是千字文，每字最多编999 号”[3]，据此推测一元券与二元券加盖的红色字头使用的应亦是千字文。从沈鸿英在桂林发行军用券版式的复杂性与同时期梁华堂和林俊廷发行纸币的总量来看，其在桂林发行的总量应不少于 100 万元。

沈鸿英在柳州发行的一角、二角与一仙铜元券无编号，五角、一元、五元、十元采用阿拉伯数字进行编号。编号列于正面的火车和梧州港景观之上，其中十元券编号有“00576”[4] 和“019891”[5]；一元券编号有“314717”[6] 和“224518”[7]；五元券编号有“073250”[8] 和“031278”[9]；五角券编号有“043125”[10] 和“02389”[11]。沈鸿英在柳州发行的军用券总数已无法考证，据《广西历史货币》分析，“从其‘一元’的编号超过了 30 万号，‘五元’编号超过 3 万号，‘十元’编号超过 2000 号”[12]，沈鸿英在柳州印发的军用票的金额总量不会少于 50 万元。

1923 年 2 月，“沈鸿英奉孙大元帅令讨陈，由抚河顺流东下，在梧州设总司令部办事处，发行军用票五万元”[13]，同年 3 月，“沈鸿英在梧州设造币厂，铸造 2 角银币，并发行军用券 5 万元”[14]。《广西金融史稿》记载沈鸿英“最后于 1923 年 2 月在梧州发行面额一元军用券，第一次发行额为 50 000 元，其余发行情况包括印发次数及总金额，均无法查考”[15]，此处的 5 万元军用券应该是由孙中山命沈鸿英发行的，但是沈鸿英实际发行的纸币应远远超过了 5 万元。

---

① 吴旦敏．近代银行纸币上的冠号——以中南银行纸币冠号为例［J］．上海博物馆集刊，2012（00）：209.
② 龙刚家，张世铨．广西历史货币［M］．南宁：广西人民出版社，1998：129.
③ 龙刚家，张世铨．广西历史货币［M］．南宁：广西人民出版社，1998：129.
④ 龙刚家，张世铨．广西历史货币［M］．南宁：广西人民出版社，1998：290.
⑤ 桂林钱币学会．广西历史货币图集［M］．桂林：广西师范大学出版社，2003：76.
⑥ 桂林钱币学会．广西历史货币图集［M］．桂林：广西师范大学出版社，2003：74.
⑦ 龙刚家，张世铨．广西历史货币［M］．南宁：广西人民出版社，1998：288.
⑧ 桂林钱币学会．广西历史货币图集［M］．桂林：广西师范大学出版社，2003：75.
⑨ 龙刚家，张世铨．广西历史货币［M］．南宁：广西人民出版社，1998：289.
⑩ 桂林钱币学会．广西历史货币图集［M］．桂林：广西师范大学出版社，2003：74.
⑪ 龙刚家，张世铨．广西历史货币［M］．南宁：广西人民出版社，1998：288.
⑫ 龙刚家，张世铨．广西历史货币［M］．南宁：广西人民出版社，1998：129.
⑬ 郑家度．广西金融史稿：上［M］．南宁：广西民族出版社，1984：201.
⑭ 广西壮族自治区地方志编纂委员会．广西通志·大事记［M］．南宁：广西人民出版社，1998：137.
⑮ 郑家度．广西金融史稿：上［M］．南宁：广西民族出版社，1984：129.

综上所述，自治军时期沈鸿英在其统治的广西东北部地区至少发行了 155 万元的军用券。其版式多样而复杂，既有以个人名义发行的纸币，也有以广西银行名义发行的临时军用票。

（二）机制币发行少

沈鸿英铸造的镍币与银毫均无详细记载，具体数目无可查证，因而只能根据目前发现的实物和文献相结合，得出大概的数目。

沈鸿英铸造的镍币发现较少，据黄国强考证，20 世纪 80 年代，沈鸿英发行的半毫镍币只有个别发现。“九十年代，随着钱币学会组织的发展和钱币研究的深入展开，经广大钱币学会会员及钱币收集爱好者的多方收寻，至今已陆续发现了此币二十多枚”①。沈鸿英 1922 年在梧州铸造镍币，“该年秋，梧州就被黄绍竑联合粤军夺去，这种半毫镍币停止铸造，所以这种币铸量不多”②。沈鸿英统治广西的时间较短，区域也局限于广西的东北部，再加上镍币铸量不多，所以发行量较少。

另外，据《苍梧县志》记载，沈鸿英 1923 年 3 月在梧州铸造银毫，“式样花纹仿造广东造币厂的东毫，但成色、重量不及东毫。同年 8 月，粤军许崇智进占梧州，造币结束”③。由此可见，沈鸿英在梧州铸造的仿广东银毫铸造量也不会很多，发行量应不会很多。再加上沈鸿英发行的银毫银色较广东银毫差，广西人民更倾向于使用广东铸造的银毫，所以流通较少，这也是如今沈鸿英铸造银毫发现较少的原因之一。

（三）货币信用差

当时广东铸造的机制币在广西被称为“东圆”，在广西铸造的机制币称“西圆”。民国时期西圆主要包括陆荣廷、沈鸿英、李宗仁、黄绍竑铸造的机制币，相比于陆荣廷和李宗仁、黄绍竑，沈鸿英铸造的银毫银色较差，镍币又不如铜元价值大，所以沈鸿英发行的银毫和镍币在广西地区的信用较差。朱浤源认为民国时期广西的硬币信用只有在陆荣廷统治期间才有所好转，“陆荣廷下台，广西银行倒闭，桂省货币的供给更为混乱。沈鸿英、林俊廷以及黄绍竑的自铸货币，并未能提升硬币的信用，而龙云等的侵入广西，占领南宁、柳州一带，又带来外地硬币，强迫桂人使用，更增混乱的程度。自铸硬币的信用，长时间抬不起头来”④。

① 黄国强．民国广西半毫镍币探议［J］．广西金融研究，1997（S1）：48．
② 龙刚家，张世铨．广西历史货币［M］．南宁：广西人民出版社，1998：152．
③ 苍梧县志编纂委员会．苍梧县志［M］．南宁：广西人民出版社，1997：385．
④ 朱浤源．近代广西货币的变革（1662—1937）［J］．“中央研究院”近代史研究所集刊，1991（6）：22．

沈鸿英发行的纸币是在毫无准备金的情况下以个人名义印发，使用武力强制发行的。他发行纸币只是为了掠夺人民的财富，所以全无信用可言。如沈鸿英“1922 年在桂林发行面额 1 元的军用券，初期尚可抵作银毫 3 角或铜元 36 枚”①，但兵败撤退之后，其发行的纸币一文不值，成了废纸。“沈鸿英在广西的贺县八步，经过一番苦心经营，地盘逐渐扩大到平乐、柳州、桂林一带。为了榨取人民的血汗，他滥发军用票强迫商民使用，这些军用票后来一文不值，全部成为废纸，使广西人民遭受巨大损失”②。

中华民国成立后清朝发行的钞票及银圆在平乐一概废止，取而代之的是陆荣廷发行的纸币，“同时有中山像嘉禾银圆银毫及袁氏像银圆等亦流通。……民国十年陆氏钞票废，惟广东银毫及铜元如常普遍，以双毫最适用面，单毫及五仙又少见矣。十四十五年间本省自铸之银毫并新钞票盛行”③。《平乐县志》未收录民国十年至十四年期间流通的纸币，可能是此时各路军阀在当地发行各自印制的钞票及军用券，混乱不堪，故只录入市场上最为流通的广东双毫及铜元。这也说明了沈鸿英发行的纸币及硬币信用差，平乐市场未广泛流通。

与纸币相比，沈鸿英发行的银毫虽然银色较差，但银币本身有价值，因此还可以勉强使用。镍币也是如此，但市面上较受广西人民喜爱的是广东铸币厂铸造的银毫和铜元。相比于盘踞广西十多年的陆荣廷及其后统治广西的李宗仁、黄绍竑，沈鸿英发行的货币信用相对逊色。

（四）纸币有暗记，面额较小

民国时期军阀发行纸币钞票是为了掠夺人民的财富，大多粗制滥造，质量较差。“这些军用纸币，都是各割据势力仓促印发的，有的流通时间仅数月，大都粗制滥造且纸质低劣，暗记仅见沈鸿英的‘广西临时军用票’。该纸币背版条例的空白处，从右向左，隐透着‘广西临时军用票’七字。”④ 从《广西历史货币》和《广西历史货币图集》收录的沈鸿英纸币来看，沈鸿英发行的纸币暗记见于其在柳州发行的一元、五元和十元军用券背面。暗记由缠枝花卉纹边框组成，内书繁体“广西临时军用票”七字。花卉纹与“广西临时军用票”均为空心字体。沈鸿英发行的军用券有暗记也从侧面说明了其时沈鸿英在广西的势力与财力高于其他自立军。

沈鸿英在桂林发行的军用券最低面额为一毫，最高面额为五元；在柳州发行的军

① 郑家度. 广西近百年货币史［M］. 南宁：广西人民出版社，1981：96.

② 周亚平. 大对局：桂系军阀全传［M］. 北京：团结出版社，2002：127.

③ 黄旭初，张智林. 平乐县志［M］. 台北：成文出版社，1942：446.

④ 李树斌，黄国强. 民国时期广西发行纸币暗记［C］//龙刚家，张世铨. 广西钱币学会十年文章选篇：1985—1995. 南宁：广西美术出版社，1997：138.

用券有一仙铜元券，最高面额为十元券。沈鸿英发行小面额的纸币，与当时中央银行发行一百元的大面额纸币形成了鲜明的对比。其实整个广西在民国时期都没有发行过大面额的纸币，原因何在？清朝末年至民国时期，广西的经济一直落后于周边省份，“其实整个光绪年间，广西的财政都要靠外省支援，每年广东、湖北两省协助广西饷银各 13 万两，湖南协助饷银 12 万两，三省共协助饷银 38 万两之多，广西成为依赖邻省的协饷省”①。民国时期广西战乱频仍，社会经济与清末并无较大区别，仍处于小商品经济的阶段。“广西的统治者大致认识到，提高纸币的面额，无异于宣布货币贬值，而货币贬值会导致经济恐慌”②。沈鸿英虽出身草莽，但能够与当时统治者一样看清广西的经济水平，在发行纸币之时始终保持低面额的措施。在面额小的条件下，沈鸿英要满足两万多人的军队开支，便以增加印数来弥补。既印发了一元、二元、五元、十元等军用券，又另外印刷一毫、一角、五角辅币及一仙铜元券。此外，沈鸿英一直将其军队独立于民国政府之外，无论是北洋军阀政府抑或孙中山的临时政府，因而沈鸿英能够根据实际情况和需要来决定其发行纸币面额的大小。

三、沈鸿英发行货币的流通区域

广西民国时期流通的货币主要包括纸币和硬币。纸币主要包括旧桂系陆荣廷和新桂系李宗仁、白崇禧、黄绍竑发行的纸币，以及自治军时期林俊廷、梁华堂、沈鸿英等发行的纸币及临时军用券。纸币除陆荣廷与李宗仁等发行的在广西广泛流通外，其余军阀发行的纸币只在其势力范围内流通。硬币主要包括铜元、镍币、银洋、港洋、法光、鹰洋、银毫等，由于广东铸造的双毫银毫成色较好，广西境内广泛流通“东毫”。“民国元年（1912）以后至民国二十四年（1935），广西一直是以银毫为本位币，自成一家。”③

由于自治军时期货币流通错综复杂，各县志对此均无详细的记载，沈鸿英在自治军时期发行的纸币的流通区域只能通过其活动范围窥探大概境况。1922 年 10 月沈鸿英取道湖南率部回广西，11 月进迫桂林，6 日“占领雒容”④，与韩彩凤以柳河为界，各守地盘。其后沈鸿英“占领了贺县、平乐、桂林、阳朔、荔浦、修仁、鹿寨等地”⑤，

① 龙刚家，张世铨．广西历史货币［M］．南宁：广西人民出版社，1998：113.

② 张世铨．广西纸币探讨［C］//龙刚家，张世铨．广西钱币学会十年文章选篇：1985—1995．南宁：广西美术出版社，1997：134.

③ 广西壮族自治区地方志编纂委员会．广西通志·金融志［M］．南宁：广西人民出版社，1994：16.

④ 广西壮族自治区地方志编纂委员会．广西通志·大事记［M］．南宁：广西人民出版社，1998：136.

⑤ 龙刚家，张世铨．广西历史货币［M］．南宁：广西人民出版社，1998：129.

并先后在桂林、柳州、梧州印刷纸币，发行军用券，而目前在这一带地区的农村和山区中多有发现沈鸿英发行的纸币。

“民国十二年 3 月，孙中山任命为靖国军总司令的旧桂系巨头之一的沈鸿英在梧州设立造币厂，铸造双角银毫，样式花纹，与东毫无异，币重库平 1 钱 2 分 4 厘，仅银色比粤造稍差，市面均照东毫一律行使”①。沈鸿英铸造银毫的使用范围应仅限于其统治范围之内，而其同时铸造的半毫镍币“基本上是恭城、平乐、苍梧、平南一带农村和山区的群众祖传下来”②，可见其时桂林及其东南一带均为沈鸿英的势力范围，沈鸿英发行的银毫和镍币在这些区域应均有分布。

《广西近代矿业史大事记（上）》一书中认为“富（川）贺（县）钟（山）一带矿区被广西边防陆军第二路沈鸿英部队占领”③，直到 1925 年李宗仁、黄绍竑打败沈鸿英后才被新桂系接收。处于贺县（今贺州市）与钟山交界的西湾是广西矿务局所在，“民国十一年至十三年的自治军时期为陆荣廷手下叛变的沈鸿英盘踞，给西湾造成严重的破坏”④。而沈鸿英在桂林印制的一元军用券上盖有昭平县的印章，由此可知富川、贺县（今贺州市）、钟山、西湾、昭平等地在 1922 年至 1925 年左右均流通沈鸿英发行的军用券。

沈鸿英占据了广西产量最大的矿区——富贺钟矿区，“所有矿业全部由商人冯枚承包，每月向沈军缴纳饷银 8 000 元”⑤。沈鸿英在 1922 年进占柳州后，自称广西边防总指挥。为了在广西扩大军事实力，沈鸿英“一方面派平乐人颜德璋为财政处长，大量印发纸币，开烟开赌，增收税款，大肆搜刮，以维军情；一方面在所占领桂东北的十几个县内委派若干名招抚委员，将桂东北所有自治军、绿林招抚出来，编成军队。……沈对平乐、桂林八步等处富商、大贾、地主、豪绅，多方结纳，争取取得他们的捐献、支持。沈采取这些措施，几个月内，部队从 8 000 多人发展到 10 000 多人”⑥。

1923 年 6 月，“驻扎在梧州上游的沈鸿英部旅长黄绍竑起兵反沈”⑦，7 月，黄绍竑与粤军联合攻打梧州，“沈鸿英部梧州镇守使冯葆初表示归降”⑧。至此，沈鸿英势力范

① 广西壮族自治区地方志编纂委员会. 广西通志·金融志［M］. 南宁：广西人民出版社，1994：16.

② 龙刚家，张世铨. 广西历史货币［M］. 南宁：广西人民出版社，1998：152.

③ 唐凌. 广西近代矿业史大事记（上）［J］. 广西地方志，2003（3）：57.

④ 龙刚家，张世铨. 广西历史货币［M］. 南宁：广西人民出版社，1998：180.

⑤ 唐凌. 广西近代矿业史大事记［J］. 广西地方志，2003（3）：57.

⑥ 中国人民政治协商会议广西壮族自治区委员会文史资料研究委员会. 广西文史资料：第 16 辑，内部发行，1983：98.

⑦ 广西壮族自治区地方志编纂委员会. 广西通志·大事记［M］. 南宁：广西人民出版社，1998：137.

⑧ 广西壮族自治区地方志编纂委员会. 广西通志·大事记［M］. 南宁：广西人民出版社，1998：137.

围退出梧州，其发行的货币在梧州地区自然无法继续流通。

1924年1月，陆荣廷率部进驻桂林，“驻桂林的沈鸿英部退往平乐、八步一带”[①]。此时吴佩孚支持陆荣廷统一广西，沈鸿英不甘心就此罢休，多次派人向孙中山表示悔过。孙中山在1924年2月29日“任命沈鸿英为广西建国军总司令，并拨款2万元，子弹10万发，助沈返桂讨伐陆荣廷”[②]。4月，沈鸿英由湖南进攻陆荣廷，并占领了灌阳。后陆荣廷退守桂林，沈鸿英即派2万余人围攻桂林，双方僵持两个多月，因李宗仁与黄绍竑联沈倒陆而重新占领桂林。9月，沈鸿英向全县（今全州县）、兴安发动进攻，是月21日占领全县（今全州县）。此后沈鸿英又相继夺得柳州、梧州部分地区，直至1925年4月沈鸿英被李宗仁、黄绍竑联军击溃。沈鸿英长期占据贺县（今贺州市）、钟山、富川、昭平、西湾（今贺州市西湾镇）、平乐等地，并先后占据了广西的桂林、柳州、梧州的大部分地区，在这些地区强迫人民使用其印制的货币。

民国十年至十四年（1921—1925），柳城县内流通的钞票混乱而复杂，“民国十年至十四年间钞票复杂不具载”[③]，韩彩凤、沈鸿英、黄绍竑等发行的货币均未见于《柳城县志》。但既然沈鸿英等人曾占据此地，应该发行过其印制的纸币。1921年陆荣廷下野之后，苍梧市场“流通过广西银行发行的军用券、通用券、省金库国币券等纸币”[④]。此处广西银行发行的军用券应为沈鸿英在桂林发行的军用券。陆氏下野之后，昭平县和鹿寨县都曾少量流通沈鸿英旧部梁华堂印发的纸币。《苍梧县志》载：“（民国）十年，陆荣廷下野……广西省长马君武、‘广西自治军总司令’林俊延和‘广西公民自治军总司令’梁华堂所发行的纸币，亦有少量在境内流通”[⑤]；“民国十一年，广西公民自治军总司令梁华堂占领桂林，用石印印制5角、1元、5元的纸币，少量流入县内”[⑥]。沈鸿英的部下梁华堂发行的纸币在昭平、鹿寨均有流通，其1922年在桂林印制的军用券盖有昭平县印，在昭平和鹿寨应有流通沈鸿英发行的军用券。民国时期阳朔为“行使铜元银角银圆本省钞票时期，现时流通市面者有银圆铜元银角本省钞票四种”[⑦]，阳朔在1922年至1924年被沈鸿英长期占据，本省钞票应包括沈鸿英发行的军用券。

综上所述，沈鸿英在广西东北部的贺县（今贺州市）、钟山、富川、西湾（今贺州

---

① 广西壮族自治区地方志编纂委员会．广西通志·大事记［M］．南宁：广西人民出版社，1998：138.
② 广西壮族自治区地方志编纂委员会．广西通志·大事记［M］．南宁：广西人民出版社，1998：138.
③ 何其英，谢嗣农．柳城县志［M］．台北：成文出版社，1942：49.
④ 《苍梧县志》编纂委员会．苍梧县志［M］．南宁：广西人民出版社，1997：386.
⑤ 鹿寨地方志编纂委员会．鹿寨县志［M］．南宁：广西人民出版社，1996：279.
⑥ 《昭平县志》编纂委员会．昭平县志［M］．南宁：广西人民出版社，1992：421.
⑦ 张岳灵，黎启动．阳朔县志［M］．台北：成文出版社，1937：46－47.

市西湾镇）、平乐、阳朔、鹿寨、雒容（今柳州市鱼峰区雒容镇）、柳城、灌阳、修仁（今桂林市荔浦县修仁镇）、荔浦、全县（全州县）、苍梧等十几个县内均发行了军用券及银毫、镍币。

四、沈鸿英货币的影响

（一）掠夺民财，对民生造成破坏

沈鸿英发行货币，掠夺人民的财富，从而使自身跻身为自治军时期桂系军阀力量最强的一支。1922 年，沈鸿英“一方面派平乐人颜德璋为财政处长，大量印发纸币，开烟开赌，增收税款，大肆搜刮，以维军情；……沈对平乐、桂林八步等处富商、大贾、地主、豪绅，多方结纳，争取取得他们捐献支持。沈采取这些措施，几个月内，部队从 8 000 多人发展到 10 000 多人”①。沈鸿英自湖南返桂之后，先在贺县（今贺州市）八步一带扎根，经过其苦心经营，地盘逐渐扩大到平乐、柳州、桂林一带。“为了榨取人民的血汗，他滥发军用票强迫商民使用，这些军用票后来一文不值，全部成为废纸，使广西人民遭受巨大损失”②。

依靠这些敛财手段，沈鸿英的部队发展到两万余人，成为自治军中实力最强的一支部队，雄踞广西桂林、梧州、柳州一带地区，试图统一广西，窥视广东地区。沈鸿英在“雒容、柳城、八步均建有巨宅，置有田产，……在香港、九龙均置有巨宅”③，由此可见，沈鸿英在桂林、柳州掠夺的财富不在少数。但沈鸿英部队纪律极差，“他的部队纪律最坏，强买强要，抓□打人，强奸妇女，掠夺民财，沈军纪律之坏，妇孺皆知”④。

沈鸿英发行的临时军用票毫无准备基金，在其兵败之后形如废纸。这些临时军用票强迫百姓使用，掠夺民财，给民生造成了极大的破坏。

（二）为广西部分金融市场的统一创造了条件

民国时期广西流通的货币不但有孙鸣岐、廖仲恺、孙中山、陆荣廷、林俊廷、梁

① 中国人民政治协商会议广西壮族自治区委员会文史资料研究委员会. 广西文史资料：第 16 辑，内部发行，1983：98.

② 周亚平. 大对局：桂系军阀全传［M］. 北京：团结出版社，2002：127.

③ 中国人民政治协商会议广西壮族自治区委员会文史资料研究委员会. 广西文史资料：第 16 辑，内部发行，1983：100.

④ 中国人民政治协商会议广西壮族自治区委员会文史资料研究委员会. 广西文史资料：第 16 辑，内部发行，1983：101.

华堂、沈鸿英、刘日福、蒙仁潜、谭浩明、张其锽、黄绍竑、李烈钧、马君武等发行的硬币、纸币和军用券，还包括广东单毫、双毫，法光，香港银圆，香港单毫、双毫等小洋硬币。沈鸿英铸造的银毫、镍币，发行的军用券使本来已经混乱的广西金融市场更添混乱。

“自民国元年之后，侵入桂境的各种外币，逐渐退出流行，特别是本洋、鹰洋、港洋、日本洋等”①。这些外币的退出，为广西货币市场的统一创造了条件。沈鸿英发行的货币强迫人民使用，从客观上来看，可以驱逐外地的货币，统一本地市场。

广西东北部在民国流通的硬币有陆荣廷铸银毫、中山像银圆、嘉禾银圆银毫、袁氏像银圆、广东双毫、铜元、滇毫、镍币、日本龙洋、港洋、法光及新桂系发行的嘉禾毫，纸币主要包括陆荣廷发行的纸币，林俊延、梁华堂、沈鸿英发行的钞票及军用券及新桂系发行的纸币等。平乐县内“向无外省及外国钞票行使”②；苍梧县内流通货币之中纸币占比较多，乡间以小洋货币为主，纸币为辅，“间有国币和港纸（币），但仅供找换，为数不多”③；昭平、鹿寨、阳朔少见外省及外国的纸币。自治军时期，占领广西东北部的军阀之中仅沈鸿英铸造了硬币，而其银毫本身银色不如东毫，所以这一时期广西的硬币仍需依附于广东，未能实现独立自主。但沈鸿英及各军阀发行的纸币在一定程度上控制了外省及外国纸币的侵入，客观上为统一广西东北部地区的货币市场创造了条件。

（三）沈鸿英货币是广西近代货币体系的组成部分

沈鸿英在桂林发行的军用券使用的是填写的筹码字，使用手工填写，反映出当时纸币印刷技术的落后。沈鸿英印刷纸币的机器是梁华堂提供的，“当时的桂林城内没有印刷正规的机器，也缺少适合印刷纸币的纸张，梁华堂就将桂林城内所有的石印机和本地能收集到的各种纸张都集中起来赶印纸币”④。梁华堂在 1922 年 5 月进入桂林，10 月退出桂林城。次年初沈鸿英占据桂林，梁投靠沈军。在这短短的时间内梁华堂不可能将印刷纸币的机器翻新，所以沈鸿英在桂林印刷的纸币较为粗糙，印刷技术也明显落后。

沈鸿英后来在柳州印制的军用券使用印刷冠号，并使用暗记，说明此时沈意识到在桂林印制的纸币的落后，于是吸收西方的货币意识，开始引进西方的机器印制纸币。

---

① 朱浤源. 近代广西货币的变革（1662—1937）［J］. “中央研究院”近代史研究所集刊，1991（6）：25.

② 黄旭初，张智林. 平乐县志［M］. 台北：成文出版社，1942：446.

③《苍梧县志》编纂委员会. 苍梧县志［M］］. 南宁：广西人民出版社，1997：386.

④ 孟国华，孟超秀. 民国时期梁华堂印制的广西银行和桂林地方银行军用钞票［C］//广西钱币学会，泉坛新论 广西钱币学会优秀论文集. 南宁：广西民族出版社，2009：400.

这在一定程度上促进了广西货币体系的近代化。

在自治军时期，广西货币制度“逐渐脱离中央，与广东联手，自入所谓小洋本位的体系之中”①。广西东北部地区也是如此，如平乐县“民国十年陆氏钞票废，惟广东银毫及铜元如常普遍，以双毫最适用，单毫及五仙又少见矣”②；银毫在苍梧市场交易中占据主要地位，“民国五年（1916）约占 65%，民国二十二年（1933）约占 30%。流通至新中国成立前夕”③；昭平县内“民国以后，帆船洋、袁头洋、孙头洋、蒋头洋等相继在县内流通，而流通较为普遍的还是广东毫、广西毫”④；鹿寨“市场交易，款项收支，契约定立，多以东毫计算”⑤。

1923 年，沈鸿英仿照广东的双毫和镍币铸造了银毫和镍辅币，说明此时桂东北地区进入与广东一样的小洋本位体系之中。而沈鸿英在桂林、梧州、柳州自组银行，自发钞票、自铸钱币，在其统治范围之内俨然一个独立王国，为广西东北部地区经济独立于中央之外创造了条件。

广西东北部地区经济和市场的独立，可以抵抗外省及外国经济的入侵，使广西的货币制度能够实现现代化。值得注意的是，广西自清末至民国时期一直依附于广东的小洋本位体系之中，这在一定程度上阻碍了广西货币体系的近代化进程。沈鸿英发行纸币、银毫、镍币很大原因还是希望借此掠夺民间财富，但应看到这些措施客观上使人民接受了纸币和广西铸造的银毫及辅币，为广西货币近代化创造了条件。

（四）具有收藏和研究价值

钱币收藏价值主要由钱币本身的信息聚集度决定，沈鸿英发行的货币在其兵败后失去了流通价值，随着时间的流逝，其原有的交换价值转而变成了钱币收藏品的虚拟价值。沈鸿英发行的货币蕴含了丰富的历史文化信息，为研究广西自治军时期军阀发行军用券提供了丰富的内容。

沈鸿英在柳州发行的军用票版式复杂，有了明显的技术进步，并且是以私人印章刻印的，这在同一时期的军用票中实属罕见，收藏价值高于其在桂林发行的军用票。军用票的收藏价值因其面额大小也有区别，面额大的家收藏价值较高。另外，沈鸿英发行的军用铜元券发现实物较少，也具有较高的收藏价值。沈鸿英发行的银毫和镍币版式与广东机制币大体相同，因制作精良且罕见为钱币收藏者所钟爱。

---

① 朱浤源．近代广西货币的变革（1662—1937）［J］．“中央研究院”近代史研究所集刊，1991（6）：41．

② 黄旭初，张智林．平乐县志［M］．台北：成文出版社，1942：446．

③ 《苍梧县志》编纂委员会．苍梧县志［M］．南宁：广西人民出版社，1997：386．

④ 《昭平县志》编纂委员会．昭平县志［M］．南宁：广西人民出版社，1992：421．

⑤ 鹿寨地方志编纂委员会．鹿寨县志［M］．南宁：广西人民出版社，1996：279．

沈鸿英发行货币具有重要的研究价值，它能够真实形象地反映自治军时期广西部分地区的政治、经济、造币技术等。通过沈鸿英发行的货币可以了解到当时桂系军阀之间势力的划分和角逐，同时可以了解当时广西部分地区的造币水平及金属冶炼铸造技术。

沈鸿英发行货币的收藏价值主要包括历史价值和研究价值。可以肯定的是，沈鸿英发行货币的收藏价值是多元的，随着时间的流逝，其收藏价值的总趋势是向上的。

五、结语

沈鸿英在自治军时期发行了大量而复杂的纸币，铸造了银毫和镍币，对民国时期广西的政治、经济、社会产生了巨大的影响。沈鸿英发行货币掠夺了人民的财富，给其统治地区的人民带来了深重的苦难，也给这些地区带来了严重的破坏。但从近代化进程来看，沈鸿英发行的纸币也有使用近代纸币的冠号和暗记，为其后广西货币的近代化奠定了一定的基础。沈鸿英发行货币的时期处于广西货币的混乱时期，其在桂林、梧州、柳州等地区强制推行纸币，并且铸造了银毫和镍币，一定程度上促进了广西东北部的货币统一。

（本文为广西钱币学会2017—2018年度学术课题学生研究项目结项成果）

抗战时期桂林分厂铸行镍币之探讨

周仁琴
（广西师范大学历史文化与旅游学院）

摘要：民国时期桂林作为广西省会，在地理位置上有着其他地区不可比拟的有利条件。基于地理位置上的优越性，在桂林设立造币厂成为抗战时期保障大后方战时经济的最佳选择。桂林分厂于1938年始铸法币辅币镍币，缓解了战时后方经济的紧张局势，落实了政府掌握钱币铸造权的政策，在中国钱币铸造史上有着重要地位。本文旨在从镍辅币铸行背景出发，对抗战时期桂林分厂所铸镍币进行简单梳理分析，探讨在法币发行影响下，镍币作为辅币发行对桂林、广西以及全国的影响。

关键词：辅币；镍币；桂林造币厂

一、镍辅币通行之背景

辅币是“为辅助本位币之不足而发行的一种面额较小的货币，具有担任小额交易之媒介；应付巨额收付之余数；便利日常买卖之零找”的功能。① 辅币制度是货币制度的重要组成部分。

在西方货币制度进入中国以前，中国的货币流通制度有其独特性，主要是以银两为主，制钱为辅，银钱并行。“一般情况下，大数用银，小数用钱，银两与制钱互相弥补。但从严格意义上讲，银两并非当时的法定本位币，制钱也非辅币，二者长期是平行本位而不是主辅币关系。”② 清光绪年间，银铜辅币开始铸造流通，但是这两种辅币之通行没有实现其真正价值，究其原因，“似可全归诸铸造权未能统一之一因。因铸造权之未能统一，而各省遂均得各自为政，流于滥造；因各省之滥造，而辅币之成色重量，渐见减低，而辅币之供给数量，亦渐过需要；因成色之渐劣及供需之失调，而兑

① 杨荫溥．中国金融研究［M］．上海：商务印书馆，1936：33．

② 石涛．近代中国辅币制度演变［J］．中国钱币，2010（4）：16．

值之日落”①。银两、铸钱都有其成色及重量的规定，在使用过程中会造成一定磨损，影响货币价值；而且通货膨胀也会导致货币贬值，这就导致在使用银钱的时候必须按其成色重量及需求来估算其价值；社会原因、钱币自身因素等造成市场币制杂乱，社会经济陷于混乱。

为适应市场需求及整顿混乱的辅币制度，晚清和北洋政府时期都曾尝试对混乱的辅币制度进行整顿和改革，但均以失败告终。此种混乱现象于 1935 年经过南京国民政府改革才得到改善。

1933 年，国民政府实行废两改元，确定了银圆的主币地位，但因“辅币复杂，尚需审度情形，详加规划，故未列入新银本位币铸造条例之中”②，为辅币制度改革奠定了基础；1935 年，为改善“国外银价与国内银价，差额甚巨，国内存银，滔滔外流，市场通货，日形紧缩。于是汇价上升，输出受阻，物价低落，工商停滞，国内经济险象环生”③ 的现象，国民政府“以为预谋金融基础之巩固，必先彻底改革币制”④，于 1935 年 11 月实施法币制度，公布施行办法；1935 年 12 月，公布新辅币条例，“并饬中央造币厂开铸二十分、十分、五分之镍质辅币，及一分半、半分之铜质辅币，于（民国）二十五年二月由中央银行开始发行。所有各地流通杂币，尚须逐渐换回，故所需新辅币数量，自必甚巨。现谋扩充，加工鼓铸，以期速将新旧辅币，全部替换，完成十进新制”⑤。辅币制度的调整及辅币市场的整顿为以后镍辅币的开铸流通创造了良好的环境，使镍币得以在中国货币史上绽放光彩。

虽在《辅币条例》发布后，镍辅币功能才得以实现，但以镍币为辅币开铸，此前就有先例，其因各种原因或未能开铸，或未能真正流通。“清光绪三十一年（1905），英国伯明翰造币厂制作了一套以蟠龙为图案的镍质广告样币。一套共计三枚。”⑥ 在 1910 年清政府发布的《改定币制谕》中亦规定有五分镍币。1914 年北洋政府颁布《国币条例》，“亦曾有五分镍币之规定，而并未开铸”⑦，此种“五分镍币之重量为 7 分，成色为 25% 的镍，75% 的铜，不是纯镍”。⑧ 1935 年，曾委托美国费城造币厂试铸五分、十分及二十分三种镍币；1936 年 1 月 10 日立法院通过 11 日国民政府公布实施的《辅币条例》中，发行流通的镍辅币也为五分、十分、二十分。

---

① 杨荫溥. 中国金融研究［M］. 上海：商务印书馆，1936：34.
② 中国文化建设协会. 抗战十年前之中国（1927—1936）［M］. 台北：台湾文海出版社，1974：94.
③ 中国文化建设协会. 抗战十年前之中国（1927—1936）［M］. 台北：台湾文海出版社，1974：94.
④ 中国文化建设协会. 抗战十年前之中国（1927—1936）［M］. 台北：台湾文海出版社，1974：94.
⑤ 中国文化建设协会. 抗战十年前之中国（1927—1936）［M］. 台北：台湾文海出版社，1974：96－97.
⑥ 余榴梁，朱勇坤. 中国珍稀钱币图典：机制币卷［M］. 上海：上海科学技术出版社，2013：149.
⑦ 杨荫溥. 中国金融研究［M］. 上海：商务印书馆，1936：35.
⑧ 中国第二历史档案馆. 中华民国金融法规档案资料选编（上）［M］. 北京：档案出版社，1989：75.

在 1936 年公布的《辅币条例》中，镍币作为辅币真正实现流通功能。“镍币三种，二十分镍币，总重六公分，成色纯镍；十分镍币，总重四五公分，成色纯镍；五分镍币，总重三公分，成色纯镍。”① 此后，各厂镍币生产皆遵循此条例规定。

辅币条例之规定，以镍代银的方法确有其益处。“今改用镍币，可使耳目一新，于流通上困难，自反可大为减少；今改以镍铸，则银镍异质，无从比较，困难亦可减少；自新货币政策实行以后，白银已经集中，辅币所用白银，为数颇巨。今以镍代银，此项旧有辅币收回后，自亦可归入集中之内，政策一贯，而白银集中之效力，可以尽量发挥；镍币成本，比较为低。则以新镍币代旧银币之结果，政府必且有巨大之铸币盈余可收。”② 由此可以看出，以镍代银可节约铸币成本，使白银外流、耗资巨大等问题得以缓解；法币政策的实施，使白银集中国有；以镍代银，旧有的银辅币得以收回，从而收到白银集中的效果，政府有盈余付与其他工作。

《辅币条例》的颁布使混乱的币制市场问题得到改善，获得各方好评，被认为是“为适合国情之推行，使数十年之所谓银角问题，所谓铜元问题，获得一可能解决之途径。在现在环境下，吾人实不能不视为辅币整理第一步之成功也”。自此，镍辅币开始在市场通行，行使辅币之职能。特别是在 1937 年抗战爆发之时，中央造币厂桂林分厂所铸镍辅币对当时的战时经济、市场起到了很大的调节作用。

二、中央造币厂桂林分厂之建设

民国三年（1914）颁布的《国币条例》，规定银圆为本位国币，其时各省开厂铸造银圆，但是重量成色并不统一，为平银价之涨幅，统一币制，上海金融界向政府呈文提议在上海筹建造币厂。民国九年（1920），财政部币制局委派钟文耀为厂长，筹建上海造币厂。民国十一年（1922），造币厂厂房落成，其厂房构造、机器设备均仿美国费城造币厂模式；从美国所定机器设备也陆续运到，但由于费用超过预算，“因之机器抵沪时，以无款付值，不能提用，厂务遂形停顿”。③ 至民国十七年（1928），郭标继任厂长，复聘前总技师赫维特，更厂名为中央造币厂。二十一年（1932）“厂务以日兵袭沪，又告停顿”④。民国二十二年（1933）三月，中央造币厂正式投产。直至 1937 年，日本帝国主义侵入上海，中央造币厂停铸硬币，被迫内迁。

---

① 中国银行经济研究室. 中华民国史史料四编：第 76 册［M］. 扬州：广陵书社，2010：932.

② 杨荫溥. 中国金融研究［M］. 上海：商务印书馆，1936：35.

③ 周启邦. 中央造币厂之沿革［J］. 中央银行月报，1935（10）：2169－2170.

④ 周启邦. 中央造币厂之沿革［J］. 中央银行月报，1935（10）：1271.

中央造币厂内迁后，在重庆、汉口、昆明都设立过办事处。并在武昌、成都、桂林、昆明、兰州设立分厂，由于战时局势变化及其他社会原因，这些分厂持续时间都不长久。其中，武昌分厂于1937年开铸辅币，至1938年7月，武汉战局紧张，又内迁成都。兰州分厂因交通不便，运输困难，仅开铸一年就停产。成都、昆明两个分厂维持时间较长，至1943年才全部停铸。桂林分厂于1938年5月开铸，1943年由于战局变化及法币贬值才停铸。

“中央在桂新建造币厂。本市中央造币厂，因战事而停顿，除机件已陆续运出外，所有工人，仍散处沪上。现中央为应事实之需要，曾在美国铸造若干。并在桂省另行筹建造币新厂。兹现已完全建造竣事。已于五月一日开工，所有留居沪上之员工，早于上月杪奉命前往云。”① 在上海沦陷后，桂林能成为中央造币厂分厂之一，除其自身具有的政治、地理、交通等特殊优势之外，还由于其生产的辅币能保障战时内地流通货币的需要，满足战时经济的需求。这些主客观原因是建设桂林分厂不可忽视的因素。

抗战初期中日军事战线主要在东部沿海地区，广西位于边远地区，离战区较远，在地理位置上属于中国大后方，相对安全。桂林则是当时广西省会，是全省政治、文化中心，城市基础设施建设相对完善，东部战线的不断转移、变化，使大量人口迁入相对安全的桂林。随着人口的迁移，工商业也随之移动。“江浙等地工商企业向西南各省迁移，内地商业繁荣，极需辅币。是年冬，财政部命中央造币厂技正王寿全赴广西调查旧造币厂情况。调查结果为广西旧造币厂原设梧州，机器都已散失，而桂林为桂省省会，居粤、赣、湘、黔、滇五省之中心，实有设厂必要。”②

地理位置是中央造币厂设立分厂需要考虑的主要条件之一。“工业经营者，倘于他埠设厂，在设备上必须开辟防空洞，增加防空费用，且亦不能担保如何安全。如在本市设厂，各处山洞随时随地，均可利用，既无须增加费用，且亦万无一失，决不至增加负担，需要增加成本。现在本市各工厂均分布郊外，有山洞利用，地点极为安全，敌机空袭亦丝毫不受威胁。”③ 基于此种条件，再结合南溪山地形地貌、交通条件、社会环境等因素，南溪山成为建造造币厂的最佳之地。南溪山是典型的岩溶地貌，山势陡峭，山洞众多，极难辨别，山足的白龙洞树木葱茏，具有掩盖作用；而且此山“西近桂荔公路，东临漓江，水源充足，交通便利。该山山洞甚多，稍加整修即可作为工场、库房。既节约基建费用，并可避免遭受敌机轰炸”④。交通便利、费用节约、天然

---

① 国内要闻：金融消息汇志［J］. 银行周报，1938，22（19）：30.

② 严绍林. 中央造币厂桂林分厂［J］. 钱币博览，2009（2）：26.

③ 中国人民政治协商会议桂林市委员会文史资料研究委员会. 桂林文史资料. 第10辑［M］. 内部发行，1986：151－152.

④ 严绍林. 中央造币厂桂林分厂［J］. 钱币博览，2009（2）：26.

屏障等是战争时期基础建设的最理想因素，而位于桂林城南的南溪山一应俱全，正满足建造造币厂的“苛刻”要求，“地利”之便成为南溪山的最大优势。

图一　桂林南溪山白龙洞远景

（图片来源：笔者摄）

图二　桂林南溪山白龙洞题字

（图片来源：笔者摄）

除以上“地利”条件之外，“人和”也成为分厂建设考察条件之一。“……以广西最近政治与建设猛普。民众爱国情绪，比各省尤烈。设立造币厂实为最适宜地点。”①

---

① 国内要闻：桂省设大规模造币厂已将沪厂机件运往装置［J］. 银行周报，1938，22（30）：26.

广西政治条件历来比其他省成熟，群众参与程度较高，爱国情绪浓厚。在桂林设厂，更能保证战时经济的安全性及稳定性。中央造币厂在1938年考察桂林整体环境后，认为建厂条件具备，决定在桂林城南南溪山建造工厂，并于1939年正式运行，铸造铜镍辅币。

三、桂林造币厂所造镍币之情况

桂林分厂所铸镍币，时间界限主要是1938年中央造币厂迁入到1944年撤离桂林为止，其所铸流通功能的镍币式样均参详中央造币厂所规定。

“中央造币厂奉令鼓铸十进位辅币。其条例经立法院通过后，现正开铸铜质一分及镍质五分两种。俟铸有成数。经审查重量合法，即可流通市面。五分辅币之圆型，正面为总理侧面造像，上书‘中华民国二十五年造’等字样。四周绕以回纹花边。背面中间为货币模型。左右有五分两字，四周亦有回纹花边。总重三公分。其大小与以前之单银毫相仿。”① 其中所述与当年1月国民政府公布的《辅币条例》中五分镍币的重量规定相同。在1936年《四川经济月刊》中对十分、二十分重量样式也有所传达：“五分、十分、二十分者，正面为古泉布形，背面为总理遗像，各币四周均用回纹花边。”② 由此可见，镍辅币之规格、式样皆有严格规定，重量、成色与此前所颁布的《辅币条例》相同。因此，桂林分厂所铸镍币之式样规格皆遵循镍币铸造原则。

（1）五分镍币，正面中部为孙中山先生侧面头像，周边为勾连回纹图案，其上环列“中华民国二十七年”纪年。背面周边为勾连回纹图案，中为古布币图，布币两侧列面值“伍分”（如图三）。

（2）十分镍币，正面中部为孙中山先生侧面头像，周边为勾连回纹图案，其上环列“中华民国二十七年”纪年。背面周边为勾连回纹图案，中为古布币图，布币两侧列面值“拾分”（如图四）。

（3）二十分镍币，正面中部为孙中山先生侧面头像，周边为勾连回纹图案，其上环列“中华民国二十七年”纪年。背面周边为勾连回纹图案，中为古布币图，布币两侧列面值“廿分”（如图五）。

---

① 中央币厂开铸铜镍辅币［J］. 银行周报，1936，20（3）：57.

② 新辅币定期流通市面［J］. 四川经济月刊，1936，5（2-3）：34.

图三　民国二十七年桂林分厂所铸五分镍币

图四　民国二十七年桂林分厂所铸十分镍币

图五　民国二十七年桂林分厂所铸二十分镍币

（图三至图五图片来源：私人收藏）

从民国二十七年（1938）到民国二十九年（1940）初，桂林分厂所铸镍币皆为纯镍，重量规格皆与《辅币条例》规定相同。直至民国二十九年（1940）初，为节约辅币成本，财政部修正《辅币条例》，镍币的重量、成色等才发生变化。由此看来，纯镍辅币铸造通行时间十分短暂，而由铜和镍混合铸造的镍合金币通行时间更为长久。所以，虽然纯镍辅币在桂林铸造时间不长久，但并不代表桂林分厂铸行镍币时间短暂，而是应该持续到桂林分厂停铸辅币的时间点，即民国三十三年（1944）。

四、镍币铸行的变化及桂林分厂的停铸

以价格较为低廉的镍取代银，确实节约了铸币成本，使白银集中国有。但这种方法并不是一直有效，随着战争的变化，国际金属价格的变动，此种办法已不能达到其本来目的。

“自从战事发生以来，外汇价跟法价一天天脱离，一切金属的价格则日渐上涨。”① 民国二十八年（1939），全球金属价格飙涨，在桂林趸售物价总指数表中，金属类指数比例较大，由 1937 年的 110. 83 飙涨到 1940 年 3 月的 634. 11。② 此种变化正是由于战争时期各种物资严重缺乏，加上镍在军备制造方面的用途广泛，致使金属价格飞涨，铸造辅币成本远超过其面值；再有法币开始贬值，物价飞涨，现行的辅币发行不能满足当时人们的需求。

基于上述问题，国民政府财政部于民国二十八年（1939）十一月致电中央造币厂停止生产及发行镍币。至民国二十九年（1940），为降低辅币成本，财政部修改辅币条例，调整了各种镍币的重量及成色，以一定比例的镍与铜铸成合金币，将从前的五分、十分纯镍辅币改为镍合金币，以减重及使用廉价材料的方式来降低成本。其成色重量规定如下：十分辅币，总重三公分，成色镍 18、铜 55、锌 27；五分辅币，总重 2 公分，成色镍 18、铜 55、锌 27。③ 与 1936 年《辅币条例》中所规定的十分、五分镍币有明显区别，金属含量不仅由纯镍变为镍铜合金，在重量上十分亦由原来的 4. 5 公分下降到 3 公分；五分由从前的 3 公分降到 2 公分。

到民国三十一年（1942），国民政府财政部通过中央造币厂“增铸二十分、五十分辅币，并将五分十分二十分五十分辅币合金成色，一律定为铜百分之七五，锌百分之七，镍百分之十八”的打算。并训令“二十分五十分辅币，以应需要，五分十分辅币暂予停铸”④，指令中央造币厂转令各分厂于民国三十一年（1942）一月一日开铸新辅币。桂林分厂、成都分厂、昆明分厂从一月开始铸造新辅币，“所出成品，并已由中央银行于三十一年三月十日起开始发行。”⑤

---

① 吴梦蝶. 辅币何以缺乏［J］. 上海周报（上海 1939）. 1939，1（7）：182.

② 战时经济统计：桂林趸售物价指数表（民国廿六年至廿九年三月）［J］. 经济动员. 1940，4（7）：35.

③ 国内要闻：财部发行新辅币：调整成色重量以利流通［J］. 银行周报. 1940，24（3）：1.

④ 孔祥熙. 钱币：训令：渝钱特字第二七一四四号［J］. 财政部公报. 1942，3（5—6）：35.

⑤ 铸造合金辅币［J］. 金融月刊，1942（1）：15.

桂林分厂从 1938 年 5 月运行开始铸行镍币，一直到“民国三十二年（1943），法币加速膨胀，大票出笼，辅币已失去作用，此后，中央造币厂桂林分厂才停造镍币。”① 到 1944 年初，在战时逐渐紧张的情况下，桂林分厂开始裁员，人员、设备也开始撤出桂林，到 9 月 12 日桂林分厂全部撤离。至此，中央造币厂桂林分厂铸行镍币的历史结束。

桂林分厂虽然铸行镍币时间不长，但是作为中央造币厂分厂之一，其铸行的辅币对内地战时经济起到了一定的调节缓和作用，影响广泛，意义重大。

五、镍辅币发行之影响

辅币作为“辅助货币”，其发行不仅受当时市场流通的影响，还受主币发行影响。自《辅币条例》发行起，镍币作为法币的辅币正式登上历史舞台，在抗战时期起着重要作用，对战时经济产生重要影响。

自从进行币制改革与《辅币条例》颁布后，法币影响力日渐强烈，范围也日渐扩大。不管是在医药上，“凡地方伤兵持有地方性质之钞票，应由各医院院长收集向当地银行斟换法币。如无银行应责成商会或商请当地最高机关代办”②。还是在财政上，“所有各县造报十二月以后之地方税捐及其他收入月报表，应一律以中央法币计列”③。又或者是在教育上，“……所任职雇员在廿五年度及前因考绩已获之津贴，除因晋级而取消者外，其余均照本府廿五年九月九日所颁之职教员所俸给暂行标准第十五条内规定，国币数目折合法币支给……”④ 由此可以看出，法币开始渗透到社会生活的方方面面，并且产生了重要影响。而作为法币辅币的镍币来说，有着与法币相同的影响力。

中央财政部为加强对大后方的控制，于 1938 年 7 月咨请广西省政府协助推行镍币和铜币。桂林中央银行亦于同年 7 月致函广西省政府，奉请各机关每月发放薪资时，搭给辅币 1% 至 10%，以促进镍币及铜币的发行。“为加大推行，广西省政府采纳此建议，并于 8 月 12 日下令规定除银行各分行、处发放薪俸时，应搭此项辅币 10% 外，所

---

① 广西壮族自治区地方志编纂委员会．广西通志・金融志［M］．南宁：广西人民出版社，1994：20.

② 财政：廿七年二月廿二日本府所属各机关转知关于伤兵携带各地钞票换法币之规定．广西省政府公报［J］．1938 年第 86 期，第 5 页，财地字第 135 号训令。

③ 财政：廿七年二月饬各县造报十二月份地方税捐及其他收入月报表应以中央法币为本位填列．广西省政府公报［J］．1938 年第 80 期，第 9 页，财地字第 1084 号代电。

④ 教育：廿七年一月规定各中学职教雇员以前因考绩所获津贴均照原定数目折合法币支给仰遵照教字．广西省政府公报［J］．1938 年第 53 期，第 2 页，第 179 号代电。

有各机关经费，由银行各分行、处支领时，一律搭发此项辅币5%，以利推广。”①

所有这些情况，一方面说明了当时人们的薪资开始换用法币，推动了法币的流通，法币影响力日趋扩大，中国的币制改革已有一定成效；另一方面，法币作为当时主币与辅币共同流通，侧面加大了辅币也即镍辅币的铸造流通。

在抗战前期，法币与辅币的发行缓解了当时紧张的经济情况，使用低廉的镍作辅币发行，节约了成本。但是随着战局的变化，军事支出的增多，加上货币滥发情况日渐严重，以及全球金属价格的上涨等因素，法币开始贬值，随之辅币铸造发行也受到影响。物价开始随货币流通量的增多而增长。

在“桂林物价趸售指数表”中，民国二十六年（1937）桂林趸售物价总指数为106.57，二十七年（1938）为128.40，二十八年（1939）为206.04，二十九年（1940）一月、二月、三月分别为266.10、335.61、359.63。② 结合当时中央造币厂铸行新辅币数目来看，1937年中央造币厂辅币总值为6 862 900.85元，其中镍币数量为41 080 999枚；1938年辅币总值为36 051 142.30元，镍币数量为275 579 649枚；1939年由于镍币在一段时间内停铸，导致辅币总值波动较大，特别是12月五分、十分、二十分镍币都停铸时，辅币数量降到最低值；1940年1月、2月、3月五分、二十分镍币都没有铸行，十分镍币只在2月铸行了少量，且是合金币，铜币数量发行较多。③ 由此可看出，随着辅币发行量的变化，物价也随之变化。总体趋势是随着辅币的增多，物价逐渐上涨，这是导致当时人民生活困苦的重要原因。

中央造币厂在桂林设立分厂的根本目的是调节西南大后方经济。因此，桂林分厂所铸镍币，除了对桂林、广西战时经济产生影响，还缓解了大后方辅币缺乏的困局，促进了抗战前期后方经济的发展。虽然其在后期产生了负面影响，如物价上涨、通货膨胀。但不可否认的是，镍币的发行是贴合国家局势的，包括抗战后期的改铸合金币与及时停铸也是随着形势变化而变化的。以上都说明了政府掌握货币发行权及币制统一的必要性，以及当时在桂林设立分厂的正确性。

（本文为广西钱币学会2017—2018年度学术课题学生研究项目结项成果）

① 训令广西银行总行关于桂林中行函请订定发放经费搭配镍币办法一案缘由文［J］. 广西省政府公报. 1938年第233期，财地字570号。

② 战时经济统计：桂林趸售物价指数表（民国廿六年至廿九年三月）［J］. 经济动员. 1940，4（7）：35.

③ 统计资料. 金融商业：中央造币厂铸成新辅币数目（民国廿四年至民国廿九年三月）［J］. 统计月报，1940（45）：71.

民国三十八年广西二角象鼻山银币初探

梁香连

（广西师范大学历史文化与旅游学院）

摘要：货币与人们的生活息息相关，沧桑的古钱币能帮助人们了解当时社会的真实面貌。民国三十八年（1949）广西二角象鼻山银币，是白崇禧在柳州设立广西造币厂生产的少量试制性质的银币，是广西历史银币的一个特殊品种，其设计富有特色，背面中央是广西名胜桂林漓江象鼻山扁舟风光，向人们展示了桂林的山水美、人文美。

关键词：象鼻山银币；桂林；广西文化

一、象鼻山银币历史概况

不同历史时期有不同的货币体系，不同的政体创造出不同的货币通行制度，货币是经济、政治与民生的共同反映。银币的设计理念与地理环境、社会形态、经济生活有直接的联系，思想观念、意识信仰、风情民俗也能在银币的设计中得到体现。随着社会的进步、科技的发展，机制币在清末开始走上钱币的历史舞台，两广总督张之洞奏准向英国订购机器于广州大东门外黄华塘勘地建“广东钱局”，此乃中国正式设立专业机器造币厂之始。广西最初的机制币全是由广东造币厂搭铸的银毫，直至民国八年（1919）广西才开始铸造机制硬币。

图一　象鼻山银币

（图片来源：广西钱币博物馆馆藏）

（一）象鼻山银币的样式

二角象鼻山银币（如图一），是广西历史银币的一个特殊品种，铸造的时间较短，银币数量较少，大约只有2万枚，民国三十八年（1949）白崇禧令人在柳州设广西造币厂，“10月初正式投产，月产银毫2万余元”[①]。之后白崇禧战败逃至台湾，二角象鼻山银币就停产了，“其径23.7毫米，重5.4克”[②]，是试制性质的银币，未在市场上流通，其版式有两种，区别在于漓江水波的波纹有单线和双线之分，图案基本相同，正面刻有“中华民国三十八年”“广西省造”，中间两朵小花隔开，币的中心有一圈圆点环着面值“二角银币”字样，字体均为正楷，背面图案是著名的桂林象鼻山风光，江中碧波荡漾，一竹排，一渔夫，一竹篓，两鱼鹰，外圈环小花24朵，恰似预示着新桂系政权的结束。

民国十四年（1925），以李宗仁、黄绍竑、白崇禧为代表的新桂系统一了广西。1946年6月白崇禧任国民政府国防部长，积极追随蒋介石打内战。“1949年4月下旬，人民解放军发起渡江战役，百万雄师横渡长江，进逼湘鄂，直指两广，广西解放在即。”[③] 在炮火中，金融市场更加混乱，纸币急速贬值，为了筹措军费，在1949年8月国民政府宣布恢复银本位制后，白崇禧随即令其下属在柳州设立广西造币厂，铸造广东银毫和广西银毫，铸出了一种独具地方特色的银币——二角象鼻山银币，其背面的图案是令人向往的桂林象鼻山风光。

象鼻山是桂林的城徽，是广西的历史文化名片，它闻名于全世界。象鼻山位于桂林市东南漓江右岸，因山酷似一只大象站在江边伸鼻吸水而得名。象是一种吉祥的动物，人们常把它与吉祥、太平等美好的寓意联系起来，象鼻和象腿之间是面积约一百五十平米的圆洞——水月洞，江水穿洞而过，如明月浮水，象鼻山山上还有菩贤宝，远看像插在象背上的剑柄，又像一只古雅的宝瓶，因此称“剑柄塔”或“宝瓶塔”，大象驮宝瓶象征着和平安定，寓意着幸福美满。象鼻山上还有许多令人称赞的碑刻，是古代文人墨客到桂林的印记，也是桂林历史文化的载体。

秀丽的象鼻山被应用到银币的设计上，与当时的社会政局有密切的关系。陆荣廷于民国初年（1912）将广西省会由桂林迁往南宁。民国二十五年（1936），广西省会从南宁迁回桂林，在靖江王城设府办公。民国三十八年（1949）十月衡宝战役白崇禧集团的部分主力被消灭，白崇禧被迫退守广西。白崇禧是桂林人，对自己的家乡有深厚

① 广西大事记（中华民国之四十七）[J]. 广西地方志，2012（06）：48，59－62.

② 桂林钱币学会. 广西历史货币图集［M］. 桂林：广西师范大学出版社，2003：38.

③ 潘文涛. 南宁解放前夕的统战策反工作［J］. 广西党史，2000（1）：24－26.

的感情，以自己家乡秀丽的山水而自豪，桂林在当时还是广西的政治中心，而且象鼻山名扬天下，把象鼻山刻在银币上，向人们展示了桂林的山水美、人文美。

（二）铸币的历史原因

在柳州建设造币厂，是因为柳州地处桂中，又是交通枢纽，水路、公路、铁路四通八达，还可以使用飞机场。桂林造币厂因战事导致的造币原材料紧缺而停产，在1944 年还遭日军轰炸，之后就未在桂林建厂。曾经设在南宁的广西造币厂机器陈旧，制造出来的币币面模糊，而且停用了20 余年。曾经设在梧州的广西造币厂因1927 年冬天的一场大火，厂房设备都被烧毁，其交通方面无法与柳州相比。银本位制的恢复也给象鼻山银币的铸造提供了机会，抗日战争至新中国成立前，国民党政府滥发纸币，而且不断改换币制，市场陷于极端混乱状态。

“民国三十七年（1948）4 月 15 日物价飞涨，生活艰难，由于钞票供应不及，桂林中央银行库存奇紧，常发行本票，以勉强应付。”① 民国三十七年（1948）六月底，广西法币累计发行 18 058 亿元，相当于民国二十七年（1938）发行额的 89 177 倍。七月二十日中央银行南宁分行发行 1 万元、2 万元、5 万元面值的关金券。二十三日中国银行南宁分行发行 1 元、5 元、10 元金圆券。新币发行后，市面交易冷淡，市场混乱，粮商多囤米不售。

“同年 8 月 19 日国民党政府被迫宣布废除法币”②，“国民党政府被迫实行所谓的币制改革，于民国三十七年（1948）发布《财政经济紧急处分令》，发行金圆券 20 亿元。规定金圆券每元含金量为 0. 222 17 公分，但能兑现，以一元折合 300 万元的比率，限在 11 月 20 前收兑法币金、银、外币，登记管理存放在国外的外汇资产。”③ 所谓的币制改革未能拯救国民经济萧条的现状，通货膨胀越来越严重，人民生活在水深火热之中。

1949 年 4 月 11 日至 24 日广西省参议会第五次会议在桂林举行。大会通过《建议省府发行银元暨银元兑换券，确定省币单位以救本省金融危机案》提案。“20 日至 25 日桂林金圆券迅速贬值……23 日李宗仁率总统府 30 余人从南京飞抵桂林，之后省政府规定，是日起以银元缴纳税款……民国政府发行的纸币失去信任，市场主要以银元流通，或以物易物。”④

---

① 广西大事记（中华民国之四十六）［J］. 广西地方志，2012（5）：52，63 – 64.

② 广西壮族自治区编纂委员会. 广西通志 · 金融志［M］. 南宁：广西人民出版社，1994（11）：24 – 35.

③ 广西壮族自治区编纂委员会. 广西通志 · 金融志［M］. 南宁：广西人民出版社，1994（11）：36 – 37.

④ 广西大事记（中华民国之四十七）［J］. 广西地方志，2012（6）：48，59 – 62.

1949 年随着国民党在军事上的节节败退，恶性的通货膨胀愈演愈烈，法币、金圆券、银圆券形同废纸，经济流通领域处于极端混乱的局面，“国民党政府妄图挽回迅速崩溃的经济，宣布恢复银本位制，白崇禧趁机在柳州利用原兵工厂组建造币厂，铸造银币，以筹措军费”①。

（三）新颖的铸币题材——山水

桂林是广西著名的旅游文化城市，它是一座文化古城，拥有两千多年的历史，在过去，不少文人墨客在桂林留下珍贵的墨宝，使桂林具有丰厚的文化底蕴。宋代的王正功曾题诗于独秀峰南麓的读书岩旁：“桂林山水甲天下，玉碧罗青意可参。士气未饶军气振，文场端似战场酣。九关虎豹看劲敌，万里鹍鹏伫剧谈。老眼摩挲顿增爽，诸君端是斗之南。”陈毅元帅作诗云：“宁作桂林人，不愿作神仙。”②

桂林秀丽的自然风光为众人所知，还被广泛应用于铸币版式的图案。民国十一年（1922），占领桂林城的地方豪强梁华堂自称桂林公民自治军临时总司令，在桂林石印并发行“桂林地方银行”纸币，其一元券的正面印有美丽的象鼻山风景。民国十五年（1926），新桂系统一广西后印制发行了一套“广西省银行”券，其中五元券和十元券的正面也采用了象鼻山的图案。民国三十七年（1948）中央银行发行的二十元面额的金圆券，其背面主图也使用了桂林象鼻山风景图案。新中国成立后，在 1979 年发行的一套外汇兑换券中的五十元券的正面也使用了桂林象鼻山风景图案。1988 年广西壮族自治区成立 30 周年纪念币，其正面图案也有桂林秀丽山水——漓江、象鼻山。在 1999 年 10 月 1 日中华人民共和国建国 50 周年之际，中国人民银行陆续发行第五套人民币，其中 20 元纸币正面采用毛泽东主席建国初期的头像，底衬采用了出淤泥而不染的荷花，背面主景图案选用优美壮观的桂林市阳朔县兴坪镇的漓江山水风光，直到今天，许多来桂林旅游的人都非常喜欢拿着 20 元人民币到兴坪镇的漓江合影留念。

二、同期的新式银币

（一）贵州竹枝银币

抗日战争结束后，国内通货膨胀加剧，纸钞信用一落千丈，为稳定物价而发行的金圆券不过数月即形同废纸，民众对纸币毫无信心，国民政府只好于 1949 年 7 月初正式公告恢复银本位制，并重新制造发行与民国二十三年版船洋形式相同的银圆。

---

① 短命的象鼻山银币［J］. 中国收藏（钱币），2012（4）：68 – 70.

② 王建平，陶志红. 广西游［M］. 广州旅游出版社，2012：8.

由于贵州省已无造币厂，故不曾受中央银行委托代制。该省财政厅乃自行筹办，除沿用周西成时期所留场所和部分机器设备，另行在广州招募技工，购置印模及造币机器，1949 年 10 月安排就绪，并由省府委员会通过《贵州省造币厂组织条例规程》，规定鼓造各类银、铜币，交贵州省银行发行。

11 月初，钱币样品完成送建设厅化验，结果重量与成色同船洋，此币式样十分别致，颇具贵州银货“传统特色”（如图二）。正面中央为贵阳甲秀楼风景图案，上环为“中华民国三十八年”字样，下环为“贵州省造”字样，均为楷书，左右端稍下侧分镌五瓣花图案；在甲秀楼的正门中铸了特别小的“谷”字，该字很隐蔽，为暗记，楼底有英文“TLK”，据悉谷字代表省主席谷正伦，英文“TLK”则有说代表厂长谢杰民，甲秀楼的外圈上书“中华民国三十八年”，下书“贵州省造”。背面为金竹三枝，左右分列“一元”二字。这种俗称“竹子币”的银圆，若确按船洋规范制作，其成色为 88%，依竹节粗细、甲秀楼上层楼窗形状可分不同版式。

图二　贵州竹枝银币

（图片来源：孙浩．百年银元：中国近代机制币珍赏［M］．上海：上海科学技术出版社，2016：171.）

甲秀楼位居贵阳城南 2 公里，建于明万历年间，高 20 米，为古代建筑杰作。贵州各地竹产丰富，元代曾置金竹府于广顺，贵阳设市时也以竹枝为市徽。此币生产时间极短，当红军由湘西进入贵州省天柱县后，造币厂即于 11 月 11 日停产，据报仅出产万余枚。造币厂员工撤离贵阳，所出银圆被省府在当地和迁往云南途中作为薪饷、资遣、杂支等费用发放而流传于外。红军控制该厂后，部分员工向军管会缴交厂方资产，移交清册中仅少许简单工具，并无生银及钢模，其铸造时间短暂，所以银币存世量极少。

（二）云南胜利堂银币①

抗战胜利后，由于之前连年战争，经济遭受严重破坏，景气呆滞，通货膨胀，纸币已难以流通。在各地纷纷使用银圆的情况下，云南省也不例外。但废除银本位已超过 10 年，很多被改制成饰物或熔化销毁，此时所留下的旧银圆根本不敷市面流通之需。民国三十八年（1949）5 月经省府会议决定，利用云南造币厂旧址成立“银币铸造所”，雇工、购料及整理厂房修配机器，在 7 月开制，至次年 1 月止，共造银币 5 642 997 枚，以孙像船洋、“袁大头”及云南半圆为主，其中 1 226 890 枚为以昆明市抗战胜利纪念堂为图案的二角银毫（如图三），习称“胜利堂”或“大会堂”。其产量虽有具体数字，但成色不详。

图三　云南胜利堂银币

（图片来源：孙浩．百年银元：中国近代机制币珍赏［M］．上海：上海科学技术出版社，2012：166.）

云南胜利堂银币是属于纪念意义的银币，面值二角，属于辅币，发行量很大，但存世量很少，正面珠圈内为“二角银币”四字，中间有一朵梅花图案，珠圈上方为“云南省造”，下方为“中华民国三十八年”，两侧各有一朵梅花；背面有一歇山式琉璃瓦宫殿式建筑图案，为云南胜利堂。1945 年 7 月 7 日，云南省临时参议会建议在云南省城昆明风景优美的云瑞公园（原清代云贵总督衙门旧址）内建一座“志公纪念堂”，目的是“以申景仰，而资纪念”。志公堂筹建期间，迎来了中国人民抗日战争暨世界反法西斯战争的最后胜利，为了欢庆胜利，将志公堂改名为“抗战胜利纪念堂”，以资纪念吾滇抗战军民。

这三种银币在民国三十八年（1949）出现不是偶然的，政权交替之时，各地方统

---

① 孙浩．百年银元：中国近代机制币珍赏［M］．上海：上海科学技术出版社，2012：166.

治者纷纷各自为营，趁机在风雨飘摇的局势中占领一席之地。

三、结语

随着社会经济的发展，桂林被建设成一个旅游文化城市，因有“桂林山水甲天下”的美誉，每年都有大量的游客到桂林欣赏秀丽的漓江风景，“2017 年全年接待国内外游客 8 232.79 万人次，增长 52.9%。其中，国内游客 7 983.89 万人次，增长 55.0%；入境过夜游客 248.90 万人次，增长 6.7%。实现旅游总消费 971.76 亿元，增长 52.5%”①。象鼻山是广西的特色文化，象鼻山是桂林山水的灵魂，是桂林千百年来的城市标记。我们要重视象鼻山山体的检测与保护，保护其不受自然环境的因素而出现崩塌，让更多人在未来能亲自到桂林感受大自然的神奇，欣赏美丽象鼻山风景。

钱币具有认识功能，银币以形象的方式概括和显示了社会历史的某些客观的本质，如政治风云、经济发展、社会风情、自然景观等生动的画面及文字，钱币能展示真实的历史事实；钱币具有审美功能，钱币作为文化艺术作品，是人类审美意识、心理活动的物化形式，是人类社会最高的审美现象形态，因此能够在较大程度上满足人的审美需要。钱币的文字，书写者笔下有力，字形优美，给人美的享受。② 象鼻山银币铸造时间短，存世量较少，是广西近代历史货币的一个特殊币种，其在广西地方金融史上占有不可替代的作用，为研究桂林和广西的近代金融货币史、军阀混乱史提供了极具价值的实物资料。二角象鼻山银币的设计独具匠心，把桂林的美景象鼻山刻在了银币上，透过银币，我们可以欣赏到民国三十八年（1949）秀丽的漓江风光，穿过时空看到当时人们的生活方式。

（本文为广西钱币学会 2017—2018 年度学术课题学生研究项目结项成果）

① 2017 年桂林市国民经济和社会发展统计公报［EB/OL］. http：//www. guilin. gov. cn/glyx/jjsh/201208/t20120815_2862. htm.

② 欣士敏. 钱币文化与艺术［M］. 北京：中国金融出版社，2009：18－19.

广西钱币学会2018年大事回顾

2月，广西钱币学会组织申报的课题“岭南及东南亚地区发现的古波斯、古罗马钱币与海上丝绸之路”中标广西社科联2018年度社会组织专项课题。

3月24日，广西钱币博物馆馆长潘信豪与广西壮族自治区博物馆原馆长黄启善研究员赴象州考察象州县出土秦半两情况。

图一　专家组在出土现场考察

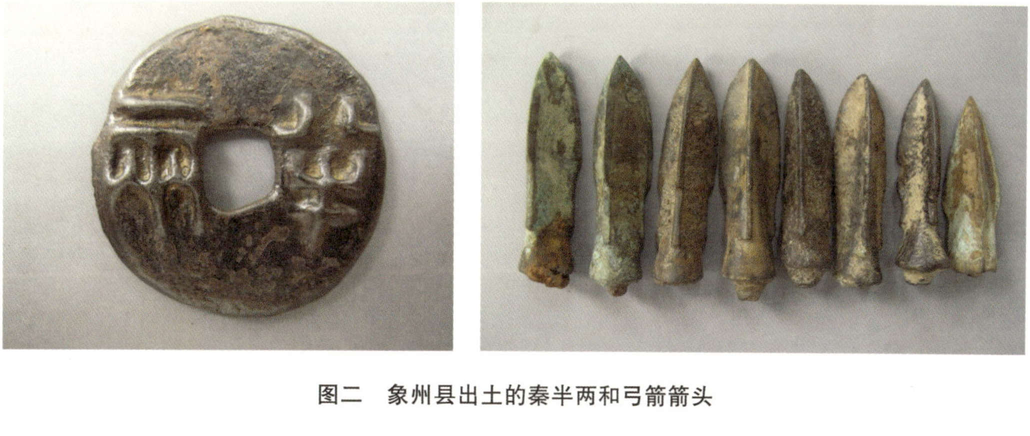

图二　象州县出土的秦半两和弓箭箭头

4月2日至3日，广西钱币博物馆馆长潘信豪与广西壮族自治区博物馆原馆长黄启善研究员陪同中国钱币博物馆杨君博士到象州秦半两出土现场进行勘查，并在象州县民族博物馆对出土的 10 枚秦半两和 390 多枚古代弓箭箭头进行了鉴定和数据采集。

图三　杨君博士（右二）对出土文物进行鉴定和数据采集

3 月至 6 月，广西钱币学会组织开展“钱币与广西”有奖征文活动。活动期间共收到来稿 89 篇，提交专家评审 60 篇。经评审，评出一等奖 3 名，二等奖 5 名，三等奖 12 名，优秀奖 12 名，组织奖 2 名。

4 月至 10 月，为迎接广西壮族自治区成立 60 周年大庆，由中国钱币学会支持，广西钱币学会主办，桂林钱币学会、梧州钱币学会协办，面向全国开展广西重要历史货币评选活动，寻找推荐与广西历史发展密切相关、有较大影响力的历史货币，经过公众推荐，专家评审，评选出 60 件广西重要历史货币。

图四　广西钱币学会秘书长潘信豪（左四）主持召开广西重要历史货币评选活动意见征集会

5 月，正式印发《广西钱币学会学术成果奖励办法》。

5 月 14 日，广西钱币学会参加 2018 年广西社会科学普及活动周并开展现场钱币鉴定、钱币知识普及和广西重要历史货币评选宣传活动。活动周启动仪式当天，邀请广西壮族自治区博物馆钱币专家现场向社会公众义务鉴定钱币。活动期间累计发放宣传材料 1 000 余份，接受市民现场咨询 300 余人次。

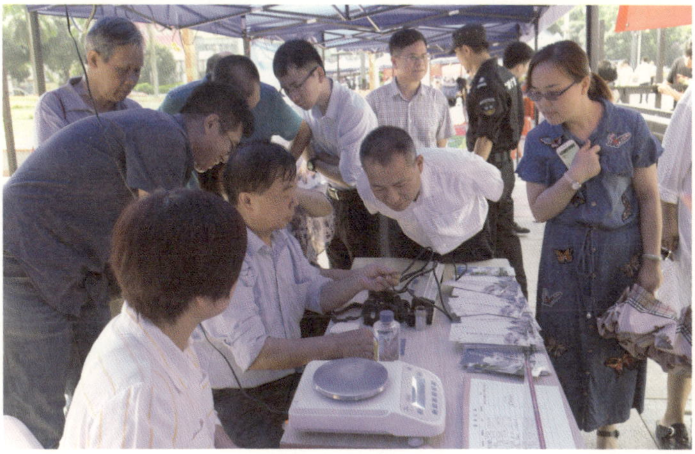

图五　广西壮族自治区博物馆原馆长黄启善研究员（左二）为公众鉴定钱币

6 月 5 日至 7 日，广西钱币学会常务理事周俏梅参加在成都举办的中国钱币学会 2018 年度秘书长培训班，并在会上做经验介绍。

图六　广西钱币学会常务理事周俏梅在会上做经验介绍

6 月，广西钱币学会组织申报中国钱币学会 2018 年度学术课题，黄启善研究员的《广西发现一批秦半两钱币的科学分析及相关问题的探讨》、蓝武教授的《朝贡制度下明清朝廷回赐广西土司的钱币资料整理与研究》通过专家评审，获得中国钱币学会正式立项。

6 月，广西钱币博物馆调研员陈锋带考察组赴江苏钱币博物馆、齐鲁钱币博物馆考察交流，借鉴优秀布展经验。

图七　齐鲁钱币博物馆贺传芬馆长（右一）为广西钱币博物馆考察组介绍情况

7 月 14 日，广西钱币学会在桂林举办“2017—2018 年学生研究项目”中期汇报会暨学术论文写作知识培训班。广西钱币学会会长罗跃华出席会议并致辞，中国钱币学会副秘书长杨君博士、广西壮族自治区博物馆原馆长黄启善研究员以及广西师范大学李天雪教授、廖国一教授、袁俊杰副教授担任点评指导老师，中国人民银行广西壮族自治区各市中心支行钱币工作者、广西师范大学部分学生共 50 余人参加了会议。8 位“学生研究项目”课题执笔人进行了汇报。

图八　2018年广西钱币学会“学生研究项目”中期汇报会暨学术论文写作知识培训班现场

图九　中国钱币学会副秘书长杨君博士点评学生论文

图十　广西壮族自治区博物馆原馆长黄启善研究员点评学生论文

图十一　广西师范大学廖国一教授
点评学生论文

图十二　广西师范大学李天雪教授
点评学生论文

图十三　广西师范大学袁俊杰副教授
点评学生论文

图十四　“学生研究项目”课题执笔人王瑞东
进行汇报

8 月，广西钱币学会向团体会员、个人会员征集 2018—2019 年度重点研究课题选题，并发布《广西钱币学会 2018—2019 年度学术研究课题指南》。

8 月至 9 月，广西钱币博物馆调研员陈锋带队赴中国人民银行广西辖区各市支行调研，了解人民银行系统各分支机构退出使用的货币金银业务用具情况。

9 月 6 日，广西钱币学会推荐的廖林灵、黄文波、毛明霞的三篇论文入选在青海西宁召开的“中国钱币学会 2018 年学术年会”进行交流，广西壮族自治区博物馆廖林灵在年会上做主题发言。

图十五　中国钱币学会副秘书长杨君（右三）与广西钱币代表团在年会上合影

图十六　广西壮族自治区博物馆廖林灵做主题发言

9 月 15 日，广西钱币博物馆调研员陈锋赴天津参加第五届中国货币与金融博物馆联盟年会。

9 月 18 日，中国钱币博物馆征集保管部主任赵颐丽一行 3 人到广西钱币博物馆调研，了解博物馆藏品管理情况。

图十八　中国钱币博物馆征集保管部主任赵颐丽（右一）在博物馆展厅了解情况

9 月，正式印发新修订的《广西钱币学会学术课题管理办法》。

10 月 3 日至 6 日，广西钱币博物馆馆长潘信豪参加中国钱币与银行博物馆委员会组成的代表团，赴希腊雅典出席“国际钱币与银行博物馆委员会第二十五届年会”。

图十九　广西钱币博物馆馆长潘信豪（右一）与中国钱币与银行博物馆委员会代表团在年会上合影

11 月 10 日至 14 日，配合广西沿边金融综合改革成就展，广西钱币博物馆在南宁会展中心举办“中国—东盟货币展”，展出东南亚古国货币精品 25 枚，东盟十国货币 808 张（枚），人民币第一至第五套 188 张。

图二十　广西壮族自治区党委常委、常务副主席秦如培（前排左一）在中国人民银行南宁中心支行党委书记、行长崔瑜（前排左二）陪同下参观展览

图二十一　广西钱币博物馆工作人员服务“中国—东盟货币展”

11 月 23 日，中国钱币学会第八次全国会员代表大会暨第八届理事会第一次会议在北京召开，中国人民银行南宁中心支行行长崔瑜当选中国钱币学会第八届理事会常务理事，广西钱币学会副会长兼秘书长潘信豪、广西师范大学廖国一教授当选中国钱币学会第八届理事会理事。

11 月，广西钱币学会将“钱币与广西”主题征文活动部分获奖文章、2016—2017 年度学术课题成果编辑成《广西钱币研究集萃 2018》一书；利用广西重要历史货币评选成果，深度挖掘 60 件重要历史货币的历史与文化内涵，编辑成《八桂泉珍—广西历史货币 60 件》一书，由广西科学技术出版社出版发行。

11 月，广西钱币学会组织专家对 2017—2018 年重点课题进行结项评审，对 2018—2019 年重点课题进行立项评审，12 个 2017—2018 年重点课题准予结项，14 个 2018—2019 年重点课题准予立项。

12 月 7 日，举行广西钱币博物馆复馆仪式暨 60 件广西重要历史货币评选结果新闻发布会。中国钱币博物馆纪委书记邵显斌，中国人民银行南宁中心支行党委书记、行长崔瑜，广西社科联科普部主任马文，广西师范大学历史文化与旅游学院副院长李天雪共同为广西钱币学会、广西社科联科普基地、广西钱币学会与广西师范大学研究人才联合培养基地揭牌。中国钱币学会副秘书长杨君代表专家组发布 60 件广西重要历史货币评选结果。仪式和发布会由中国人民银行南宁中心支行副行长杨正东主持。中国人民银行南宁中心支行行级领导和机关各处室、直属单位负责人，中国人民银行广西各市中心支行分管钱币工作行领导、钱币工作负责人，钱币评审专家和钱币爱好者代表，在邕各大博物馆、各大媒体代表参加仪式和发布会。随后，与会代表参观了 60 件广西重要历史货币实物、图片展和广西钱币博物馆精品陈列。

图二十二　中国钱币博物馆纪委书记邵显斌（左二）、中国人民银行南宁中心支行行长崔瑜（右二）、自治区社科联科普部主任马文（右一）、广西师范大学历史文化与旅游学院副院长李天雪（左一）共同为广西钱币学会、广西社科联科普基地、广西钱币学会与广西师范大学研究人才联合培养基地揭牌

图二十三　中国人民银行南宁中心支行副行长杨正东主持复馆仪式

图二十四　中国人民银行南宁中心支行行长崔瑜在 60 件广西重要历史货币评选结果新闻发布会上致辞

图二十五　中国人民银行南宁中心支行副行长杨正东主持 60 件广西重要历史货币评选结果新闻发布会

图二十六　中国钱币学会副秘书长杨君代表专家组公布 60 件广西重要历史货币评选结果

图二十七　60件广西重要历史货币评选结果新闻发布会现场